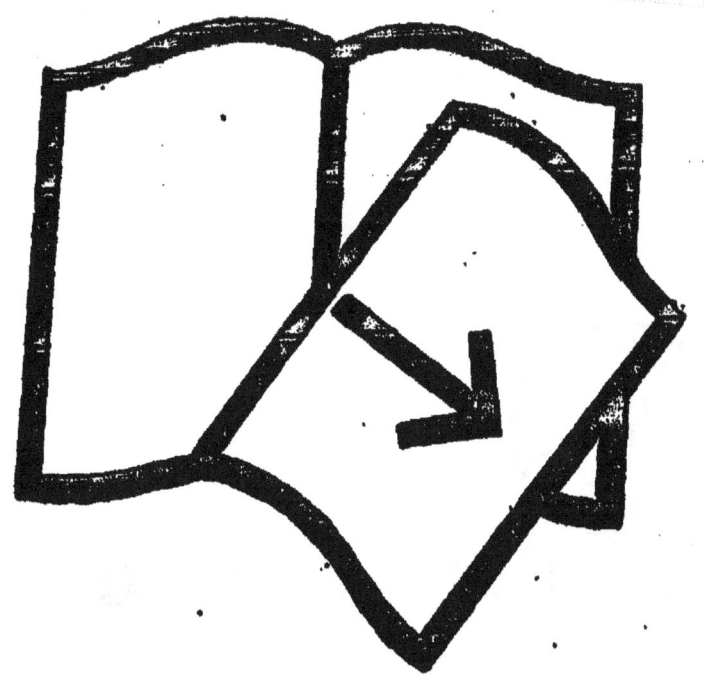

Couvertures supérieure et inférieure manquantes.

Théodore Jouffroy

OUVRAGES DU MÊME AUTEUR

La Philosophie de Malebranche, 2 vol. in-8 (collection La-grange, 1870). Chez Alcan.

De la Certitude morale, 1 vol. in-8. Belin, 1880 ; 3ᵉ édit., 1898.

Essai sur la morale d'Aristote, 1 vol. in-8. Belin, 1881.

La Philosophie et le Temps présent, 1 vol. in-12. Belin, 1890 ; 3ᵉ édit., 1898.

Les Sources de la Paix intellectuelle, 1 vol. in-18 jésus. Belin, 1892 ; 3ᵉ édit., 1899.

Le Prix de la vie, 1 vol. in-12. Belin, 1894 ; 6ᵉ édit., 1899.

Ce qu'on va chercher à Rome, 1 brochure in-16. Armand Colin (*Questions du Temps présent*), 1895 ; 2ᵉ édit., 1895.

Éloge du P. Gratry, 1 brochure in-8. Chez Téqui et chez Lecoffre, 1898.

De la Virilité intellectuelle, 1 brochure in-18 jésus. Belin, 1898.

Étienne Vacherot (1809-1897), 1 vol. in-16. Perrin et Cⁱᵉ, 1898 ; 2ᵉ édit., 1898.

LÉON OLLÉ-LAPRUNE

MEMBRE DE L'INSTITUT

MAÎTRE DE CONFÉRENCES A L'ÉCOLE NORMALE SUPÉRIEURE

Théodore Jouffroy

PARIS
LIBRAIRIE ACADÉMIQUE DIDIER
PERRIN ET Cie, LIBRAIRES-ÉDITEURS
35, QUAI DES GRANDS-AUGUSTINS, 35
1899
Tous droits réservés

AVERTISSEMENT

M. Ollé-Laprune, au moment de sa mort, laissait en manuscrit une biographie psychologique de Jouffroy.

Il la destinait à la Quinzaine : elle y fut publiée au cours de 1898.

Nous la donnons en volume aujourd'hui, avec les notes et références que ne comporte point, en général, la publicité d'une revue.

Au moment même où M. Ollé-Laprune achevait de dégager, de la lecture assidue des écrits de Jouffroy, le portrait philosophique que nous offrons au public, M. Adolphe Lair, dans le *Correspondant* des 10 et 25 janvier 1898, mettait à profit certaines lettres inédites de Jouffroy pour nous mieux faire pénétrer dans l'intimité de sa jeunesse, qui s'éloigna du christianisme, et dans l'intimité de sa mort, qui peut-être l'y ramena.

M. Ollé-Laprune, s'il en eût eu le temps, eût assurément fait usage de ces deux articles. Ils lui eussent permis, peut-être, d'enrichir de quelques nuances encore le dessin si précis et si sincère qu'il avait tracé de la figure de Jouffroy; il n'aurait point eu à en changer une ligne, à en supprimer un trait.

Jouffroy posthume, tel que l'a retrouvé M. Adolphe Lair, apporte son témoignage, et le plus personnel, et le plus autorisé, en faveur du livre, posthume hélas! de M. Ollé-Laprune.

AVERTISSEMENT

Peut-être l'auteur, s'il avait eu le loisir de mettre à son manuscrit la toute dernière main, eût-il çà et là, au fil des pages, trouvé quelque élégant moyen de mettre plus en saillie ce que nous appellerions volontiers les phénomènes extérieurs ou, si l'on aime mieux, la chronologie de la vie de Jouffroy.

Respectueux, non point seulement de la pensée de M. Ollé-Laprune, mais de son art lui-même, il nous eût répugné d'encombrer de détails chronologiques les chapitres successifs de ce livre.

Qu'il nous suffise d'emprunter au Dictionnaire historique de la France de M. Ludovic Lalanne un simple résumé schématique :

« Jouffroy (Théodore-Simon), né en 1796 au hameau des Pontets, près de Mouthe (Doubs), mort à Paris le 4 février 1842. Il fut successivement professeur de philosophie au Collège Bourbon, professeur suppléant de la chaire de philosophie ancienne à la Faculté des Lettres de Paris (1828), maître de Conférences de philosophie à l'Ecole Normale (1830), professeur-adjoint à la chaire de philosophie à la Faculté des Lettres, professeur de philosophie grecque et latine au Collège de France (1833), membre de l'Académie des Sciences morales, bibliothécaire de l'Université (1838), et (1840) membre du Conseil de l'Université. De 1831 jusqu'à sa mort, il fit partie de la Chambre des Députés où l'envoya le département du Doubs. — Traduction des *Esquisses de philosophie morale* de Dugald-Stewart, 1826, in-8°, précédée d'une préface remarquable; traduction des *Œuvres complètes de Thomas Reid*, 1828-1835, 6 vol. in-8°; *Mélanges philosophiques*, 1833, in-8°: la plupart des morceaux qui composent ce volume avaient paru dans *le Globe* et divers autres recueils; *Cours de droit naturel*, 1835-1842, 3 vol. in-8°, plusieurs fois réimprimé; *Nouveaux mélanges philosophiques*, 1842, in-8°; *Cours d'esthétique*, 1843, in-8°. »

Après avoir mis à la disposition du lecteur ce fil conducteur probablement superflu, l'éditeur n'a qu'à s'effacer.

Une dette, pourtant, reste à acquitter : M. Paul Lapret, héritier de l'œuvre artistique de Jean Gigoux, a autorisé la famille de

M. Ollé-Laprune à reproduire le beau portrait de Jouffroy qui est en tête de ce volume, et a lui-même libéralement offert un cliché photographique de la lithographie originale : que M. Paul Lapret, pour cette collaboration d'élite, trouve ici l'expression de nos remerciements.

Théodore Jouffroy

Au déclin de notre xix° siècle, le nom de Jouffroy garde encore quelque éclat, ou du moins une faveur discrète s'y attache. Vers la vingtième année, Jouffroy traversa une crise d'âme que lui-même a racontée plus tard en des pages douloureuses et brillantes ; il écrivit dans le *Globe;* il amassa des trésors de psychologie fine qu'il étala dans des leçons un peu lentes, un peu diffuses, à la Sorbonne, à l'École normale, au Collège de France, et aussi dans sa chambre de la rue du Four devant un auditoire d'élite ; quelquefois, parlant de la destinée humaine, il eut des accents d'une très haute et très poignante éloquence ; enfin il mourut jeune, et entre tant de talent et de nobles ambitions et l'œuvre ou les débris de l'œuvre il y a une disproportion mélancolique. Voilà tout ce que la plupart des gens instruits peuvent dire aujourd'hui de Jouffroy. Après tout, cela ne le résume pas mal, mais c'est trop succinct : il mérite d'être plus connu et il y a profit à le connaître davantage.

I

1814

LA CRISE. — COMMENT IL DEVIENT INCRÉDULE.

On a raison de se souvenir de la crise d'âme dont la seconde partie du *Mémoire sur l'Organisation des sciences philosophiques* contient le récit. Ce fut bien une *crise*, un point de partage dans la vie intérieure de Jouffroy, et c'est ce qui décida de tout le reste.

Je viens de relire ce récit. C'est noble, c'est attachant, c'est d'une sincérité pénétrante, c'est triste. Comme c'est écrit environ vingt ans après l'événement, il y a pourtant dans l'exposition un soin qui se laisse voir. Le drame intérieur est développé avec une sorte de dignité dans je ne sais quelle ardeur calme, les circonstances qui servent de cadre à ce drame sont décrites avec une richesse un peu romantique, sobre d'ailleurs, les passions intellectuelles et morales qui en sont comme les personnages s'expriment avec un enthousiasme presque lyrique qui sait se contenir. Et, malgré l'émotion que ressent l'écrivain et qui gagne le lecteur, le soupçon vient que c'est, comment dirai-je ? un peu apprêté, un peu *fait*, un peu littéraire : n'est-ce pas comme son *Discours de la méthode* que le philosophe présente ici, un *Discours de la méthode* où la qualité et la portée du doute, l'inquiétude d'âme, la liberté de la confidence, le souci du détail extérieur, une sorte de simplicité solennelle, tout enfin est bien de ce siècle en son premier quart ? La sympathie si vivement éveillée d'abord y perd un peu, l'intérêt historique s'en accroît.

On a tant parlé de ces pages, on en a tant admiré et plaint et loué ou condamné le héros, il y a là encore aujourd'hui des choses d'une réalité si présente, que je ne croirai lasser personne en y insistant, et avec une entière franchise.

Elles pourraient recevoir ce double sous-titre : *Comment Jouffroy devint incrédule;* et : *Pourquoi il devint philosophe.*

Très sérieux et soucieux avant tout des choses morales, c'était dans le christianisme qu'il trouvait la réponse nette et précise à toutes les questions que de telles dispositions font naître dans un jeune esprit. Mais le vent d'incrédulité qui soufflait de toutes parts autour de lui devait ébranler l'édifice de ses croyances. Un jour, il constaste qu'il n'y a plus rien en lui qui soit debout : sans le vouloir, sans le savoir, il a cessé d'être chrétien. La divinité du christianisme étant mise en doute aux yeux de « sa raison » naissante, et « son cœur » étant impuissant à conjurer « l'inflexible courant de sa pensée », ce qu'il croyait jusque-là de Dieu, de l'âme, de sa destinée en cette vie et dans l'autre, n'est plus rien pour lui : il rejette tout. Il est incrédule.

Voilà le résumé net, exact. Reprenons le détail, et tâchons de comprendre et de juger.

Chrétiennement, le mystère des rapports d'une âme avec Dieu est si intime et si délicat que nul ne doit prétendre le pénétrer. Ce qui est certain, c'est qu'une âme éclairée de la lumière du Christ ne peut se détourner de cette lumière et dire au Christ : « Non, je ne veux point de vous », sans commettre une faute, sans pécher précisément contre la lumière. Mais qui mesurera ce que cette âme avait de lumière ? Qui osera dire jusqu'à quel point elle avait été chrétienne et ce que les ravages faits en elle par les préjugés ambiants ont pu avoir d'involontaire ? Si Jouffroy avait été « élevé par des parents pieux et dans un pays où la foi catholique était pleine de vie au commencement du siècle », bien insuffisante néanmoins paraît avoir été son instruction religieuse. Rien, ni dans les aveux du *Mémoire*, ni ailleurs dans ses écrits, ne fait supposer que les vérités proprement chrétiennes lui eussent été présentées dans leur originale profondeur, et qu'il eût été instruit à en saisir la puissante liaison ; de poétiques impressions, des sentiments ne tiennent pas longtemps contre les premiers assauts d'une raison qui s'effraie de ses entreprises, mais se sait gré de son audace. A Dijon, au collège, une religion tout officielle, dont les pratiques s'accomplissaient comme une consigne, n'était pas propre à fortifier Jouffroy contre les doutes naissants. Qu'on lise dans l'*Éducation en France* de Bautain ce qu'étaient les exercices religieux dans les lycées de l'Empire, on comprendra comment un tel milieu, bien loin de prévenir l'incrédulité, la devait favoriser. Bautain, qui avait le même âge que Jouffroy et qui devait le rencontrer à l'École normale, parle d'expérience. Ce chapitre de son livre est le commentaire du récit de Jouffroy.

Ceci dit pour être juste et vrai, reprenons le récit, et, humainement, jugeons de ce qui nous y est mis sous les yeux : on y veut voir communément un acte émancipateur, la noble et fière libération de la raison qui douloureusement, mais résolument, arrive à la virilité. J'y vois autre chose.

Le christianisme avait des réponses à toutes les questions les plus importantes, les plus vitales, à celles qui seules méritent d'occuper l'homme, et ces réponses étaient nettes et satisfaisantes. Jouffroy énumère complaisamment les avantages et les bienfaits de la foi.

Tranquille sur le chemin que j'avais à suivre en ce monde, tranquille sur le but où il devait me conduire dans l'autre, comprenant la vie dans ses deux phases, et la mort, qui les unit, me comprenant moi-même, connaissant les desseins de Dieu sur moi, et l'aimant pour la bonté de ses desseins, j'étais heureux de ce bonheur que donne une foi vive et certaine en une doctrine qui résout toutes les grandes questions qui peuvent intéresser l'homme[1].

1. De l'Organisation des sciences philosophiques, IIe partie. *Nouveaux Mélanges philosophiques*, p. 81.

Ainsi s'exprime Jouffroy.

Je le demande, non en chrétien, mais en homme purement homme, quand on a dans une doctrine révérée tout ce que Jouffroy se plaît à dire qu'il y trouvait, est-il permis de la laisser s'en aller de l'esprit parce que les objections qui flottent dans l'atmosphère commencent à germer dans une tête de vingt ans? On peut renoncer au bonheur, à la paix, si le devoir l'exige; mais comment serait-ce un devoir intellectuel de préférer si vite, si aisément, sa petite pensée propre à une doctrine si haute, si compréhensive, si salutaire? Quand on la voit dans l'histoire si conforme à l'humaine nature et que l'on expérimente soi-même combien elle donne satisfaction aux besoins supérieurs de l'âme, n'y a-t-il rien là qui avertisse qu'il serait au moins téméraire de prétendre s'en passer? Et pour se réduire à un superbe isolement, ne faudrait-il pas que des raisons très lumineuses et très décisives exigeassent de contrarier ainsi ce qui paraît l'ordre non pas seulement accoutumé mais naturel, à savoir que l'homme ne peut attendre, pour vivre de l'esprit, d'avoir découvert soi-même et prouvé en règle toutes les vérités essentielles ? Jouffroy avoue et répète qu'il ne savait encore rien, et parce que sa raison qui s'éveille lui fait attacher à quelques idées dont il est frappé une importance extrême, il juge inévitable et indispensable et souverainement raisonnable de « rejeter tout » et de demeurer « seul », en présence de l'univers, de l'humanité et de l'infini, « seul avec sa pensée » : c'est de cette pensée ignorante et inexpérimentée que désormais il attend tout. La solitude où il se condamne l'effraie un peu, mais il se félicite de son courage, il en est fier, tristement, douloureusement, tout ce qu'on voudra : il a fait acte d'homme, croit-il, et c'est ce qui importe. Pour moi, je trouve qu'il a tout au contraire défait en soi l'homme, ou plutôt encore qu'il l'a laissé se défaire, et avec une légèreté qui n'a rien de raisonnable, ni de scientifique.

Il n'était pas encore philosophe. Il n'avait rien étudié. Il n'avait aucune idée, aucun soupçon de la méthode. Sa raison n'était pas exercée. C'était un brillant rhétoricien, et rien de plus. Et le voilà qui décide que contre les objections vulgaires répandues par l'incrédulité du xviii° siècle le christianisme ne tient pas. C'est pitoyable de naïveté. Il nous dit bien qu'il a examiné les objections et les réponses qu'y font les croyants; il ajoute même qu'il a fait cet examen avec partialité pour la religion. Mais de cet examen dont il ne parle qu'en une ligne, aucune trace ne demeure nulle part dans ses écrits ni dans sa vie. Quels livres a-t-il lus? Quelles études a-t-il entreprises? Et quand le christianisme touche à tant de choses, à l'histoire, à la société, comme à l'homme individuel, laquelle de ces portions du vaste domaine a-t-il explorée, pour se rendre compte de la valeur des objections et des réponses? Tout donne à penser que l'examen dont il parle fut rapide et superficiel; il n'était point armé pour le faire, il n'était point armé non plus pour douter : disons le mot, cette crise dont on fait tant d'état, ce n'est rien de plus que la crise vulgaire par où passe tout jeune esprit quelque peu cultivé et réfléchi en ce siècle si étrangement troublé.

Crise vulgaire, mais non sans importance. Crise vulgaire, en ce sens que c'est tout simplement le signe de la puberté intellectuelle et qu'il n'y a, dans cette tentation de mépriser toute vérité reçue pour ne se fier qu'à ses propres inventions, rien qui soit l'indice d'une remarquable puissance d'esprit ni d'une particulière vocation à être un penseur. Il faut passer par là. C'est là que l'on devient, dans l'ordre de la pensée, un homme. Et c'est pour cela que la crise, qui est vulgaire, a une importance non médiocre. La virilité intellectuelle n'apparaît que si l'homme commence à penser par soi-même. Ce qu'il a reçu, il le fait sien. L'idée sort du fond même de l'esprit, toute parée de jeunesse et de fraîcheur, et elle brille d'une lumière vive qui semble surpasser toute lumière. Il le faut bien. On voit soi-même, on voit de ses yeux. Ce n'est plus comme par ouï-dire, ou sur commande, ou du moins sur les indications et avec l'aide

d'autrui que l'on affirme ceci, que l'on nie
cela, que l'on admire ou que l'on condamne ;
on voit soi-même et l'objet et les raisons de
dire oui ou non : comme l'enfant, qu'une
main secourable faisait marcher en le soutenant, marche un jour tout seul, et, après un
moment d'effroi, en est ravi, de même celui
que les autres faisaient penser, un jour pense,
et il a un peu peur, mais surtout il est sous
le charme de cette première pensée à lui.
C'est une épreuve inévitable, nécessaire;
mais, puisque c'est une épreuve, il n'est ni
inévitable ni nécessaire que l'issue soit telle
ou telle. Le danger, c'est d'être ébloui par
cette lumière intime et de conclure que, com-
mençant de penser soi-même, on n'a plus
qu'à penser absolument de soi-même et par
soi-même, à partir de soi, avec ses seules ressources propres. Fausse et folle émancipation

que celle-là, puisque c'est sortir de l'ordre
naturel, se mettre en dehors de l'humanité,
et prétendre se suffire à soi-même pour vivre
de l'esprit, quand il est clair comme le jour
que là non plus qu'ailleurs l'homme n'a jamais
assez de soi pour faire quoi que ce soit,
ni pour être à quelque degré que ce soit !
Malebranche a, pour désigner cette tentation
intellectuelle qui constitue l'épreuve dont
nous parlons, un mot singulièrement expressif
: « Un flambeau paraît plus grand qu'une
étoile. » C'est bien cela, et le P. Gratry a eu
raison de reprendre et de commenter ce mot
merveilleux dans les pages de la *Connaissance
de l'âme* où il a décrit comme personne
l'inévitable crise. « Un flambeau paraît plus
grand qu'une étoile. » On tient dans sa main
le flambeau, on l'allume soi-même à une
source de lumière dont pourtant on n'est pas

soi-même l'auteur; mais on ne prend pas garde à cela, on ne songe qu'à la belle lumière qu'on a tout près de soi, qu'on a à soi, dont on dispose, et l'on a le vertige, et, dans l'enivrement de la pensée propre, on est tout près de faire fi de tout le reste. Ce n'est rien si cela ne dure pas. C'est affreux si, au lieu de jouer naïvement dans la lumière nouvelle, on conçoit tout de bon l'orgueilleux dessein de ne plus compter que sur soi. On a succombé à la tentation. Dans la crise où il s'agit de devenir, dans l'ordre de la pensée, un homme, on a rompu avec toutes les racines de l'humaine pensée, on s'est éloigné de toutes les sources vives, et l'on est ce que Leibniz appelle énergiquement un *solipse*, et Leibniz ajoute que le solipse est un monstre, c'est-à-dire un être contre nature.

Jouffroy, subissant vers la vingtième année,

comme tout autre, la crise intellectuelle, a succombé, comme tant d'autres, à la tentation : il en est sorti incrédule. Et remarquons-le, la révolte contre le christianisme consiste chez lui moins à s'en détacher par un acte exprès qu'à consentir et ratifier le fait accompli. Il ne brise pas avec le christianisme. Il constate que le fil est rompu. Qui l'a rompu ? Il s'est rompu tout seul. Mais comment ? Les événements, le « vent » impétueux, « l'inflexible courant de la pensée » ont tout fait. Et c'est cet ouvrage, qui n'est pas le sien, où le hasard, ce semble, et je ne sais quelle fatalité sont pour beaucoup plus que l'activité d'une pensée éveillée, alerte, scrutatrice, c'est cet ouvrage anonyme qu'il accepte et qu'il proclame avec fierté. C'est cela qu'il appelle le triomphe de la raison. Bossuet, parlant des incrédules, s'écrie : « Qu'ont-ils donc vu, ces grands esprits, qu'ont-ils donc vu de plus que les autres? »

Jouffroy n'a rien vu, rien, sinon que contre le christianisme il y a des objections répandues dans l'air, ce que tout le monde sait : et ces objections ayant ruiné sa foi à son insu, il a vu un jour qu'il avait perdu la foi. Voilà tout. Où est le triomphe de la raison? mais d'abord, où est le combat? Il n'y a là qu'une défaite, et une défaite sans combat. On va répétant que Jouffroy a donné un admirable exemple de liberté d'esprit, d'émancipation de la pensée, de virilité intellectuelle : non, il a, dans la crise ordinaire, assisté en spectateur au conflit de ce qu'il appelle son cœur et de ce qu'il nomme sa raison, et une défaillance a marqué son premier pas dans sa voie d'homme qui pense. Sainte-Beuve qui, en traçant son « portrait littéraire » en 1833, ne connaissait pas ces pages, qui sont posthumes et n'étaient pas même écrites, Sainte-Beuve a eu une de ces divinations qui ne sont pas rares chez lui. Il a dit de Jouffroy que c'était « une âme traversée et ouverte qui se laisse faire... » Aucun mot ne pourrait mieux noter l'impression finale qui demeure après avoir relu le célèbre récit de sa « nuit de décembre » : il s'est laissé faire,... et de s'être laissé faire il s'est ressenti toute sa vie.

Sainte-Beuve, pour le citer encore, conseillait à Jouffroy de verser dans un roman psychologique tout le trésor de sa psychologie, consistant plutôt en morceaux détachés qu'en un système. Taine a imaginé que Jouffroy eût vécu dans le milieu qui convenait à son tempérament intellectuel et moral s'il fût né en 1680, en Angleterre.

Je n'ai point la prétention de deviner ce

que Jouffroy eût été s'il fût sorti chrétien de la crise que nous venons d'étudier. On pourrait supposer que, ne s'étant point usé à ressaisir par la raison une sorte de religion naturelle qui n'est guère qu'un christianisme amoindri, décapité, il eût employé ses forces, comme Malebranche, comme Leibniz, à édifier quelque grand système. J'incline à penser qu'il n'en avait pas la puissance. Et d'ailleurs il est probable qu'il n'eût point philosophé. Il dit expressément que ce qui l'a amené à la philosophie, c'est le désir de remplacer la foi perdue par des croyances raisonnées. Il n'eût point philosophé. Qui sait s'il n'eût déployé, sur les confins de la « littérature » et de la philosophie morale, son beau talent, et s'il n'eût pas laissé des œuvres fortes à leur manière, en même temps que délicates, où il se fût montré penseur sérieux et solide, observatour ingénieux, quelquefois rêveur sublime ou charmant, et, tour à tour, orateur pénétrant et écrivain exquis? Mais à quoi bon ces suppositions où il y a toujours trop de chimère? Revenons à notre philosophe.

II

DE 1815 A 1820

POURQUOI IL DEVIENT PHILOSOPHE ET COMMENT
IL PHILOSOPHE. — LES PREMIERS TRAVAUX.

Philosophe, c'est ce qu'il veut être parce que, sorti du christianisme, et devenu incrédule, il tient à sortir de l'incrédulité. Il a dit au christianisme un adieu qu'il estime éternel, mais des vérité morales et religieuses qui sont la base naturelle du christianisme, il a un souci persistant. Il a rejeté les solutions, les questions gardent à ses yeux un intérêt capital : et c'est de la philosophie que désormais il attend la réponse souhaitée.

La philosophie, c'est la raison sans la foi,

la raison seule, et la raison réfléchie, savante, exercée : il n'en sait rien de plus, mais cela lui suffit pour le faire philosophe.

Cette persistance des nobles besoins créés en lui par le christianisme (il le reconnaît) et la courageuse volonté de travailler, de peiner pour les satisfaire, lui font dès l'abord une place à part au milieu des jeunes incrédules qui l'entourent. Il a le regret du christianisme, et il demande à la philosophie de le dédommager de ce qu'il a perdu. Il est résolument en dehors de la foi, mais résolument il entreprend de reconquérir, sur l'âme, sur Dieu, sur la destinée humaine, des clartés et des certitudes. Il aurait horreur de « s'endormir, comme tant d'autres, dans le scepticisme ». Élevé fort au-dessus de la frivolité et de l'insouciance ordinaires, il est décidé à n'épargner aucun labeur pour réussir dans son dessein de se refaire sur les points qu'il juge essentiels des croyances assurées. Il y a là quelque chose de généreux. Puisque la philosophie lui paraît l'unique abri où se puisse réfugier son âme « récemment exilée du christianisme », il n'a rien de commun avec ceux qui y voient un amusement, un jeu, ou un métier. Une haute pensée l'y incline et l'y amène ; une haute pensée anime son courage pour s'engager dans la rude voie qui le sépare du but et y conduit. Ce n'est en rien un *dilettante*, c'est, dans toute la force des termes, un convaincu et, si je puis dire, un sérieux, pour qui philosopher est « affaire d'âme ». Le mot est de lui.

De là des étonnements qu'il avoue sans ambages. Ce qui se fait en philosophie autour de lui, devant lui, ce qu'on lui demande à lui-même de faire, le scandalise presque ou du moins lui cause une déception, un « désappointement » cruel. Son âme prête à la philosophie « l'objet, le cadre, les proportions d'une religion », et il voit élèves et maîtres tout occupés de questions qui lui semblent infimes. On s'use à disputer de l'origine des idées. « Toute la philosophie est dans un trou où l'on manque d'air. »

Pourtant il fait comme les autres, et à ces exercices où sa raison s'assouplit et se reconnaît il prend goût. Il ajourne, il oublie presque les grands problèmes qui lui semblaient d'abord seuls dignes d'occuper l'homme, puis entre ces problèmes et les recherches spéciales où il est confiné il croit apercevoir un lien : ce sont ces études sans intérêt vital qui lui permettront d'aborder avec « une raison sûre et ferme » les questions vitales. Voilà donc un motif de s'attarder sans scrupule dans les études particulières, que dis-je? de s'y livrer avec joie.

Ainsi Jouffroy a traversé une sorte de positivisme provisoire. Si, comme Ernest Bersot aimait à le dire, le positivisme est, à l'égard des questions supérieures, une abstinence, un jeûne, Jouffroy, qui a pratiqué ce jeûne et cette abstinence, a été, d'une façon assez curieuse, un positiviste avant la lettre. Il a nettement distingué entre les faits et les questions, ou encore entre les recherches spéciales et les grands problèmes ; il s'est même demandé un instant si, tant de sciences s'étant détachées de la philosophie, toutes ne devaient pas s'en détacher les unes après les autres, même celles qui semblent le plus proprement philosophiques, comme la psychologie, la logique, la morale même ; il a mieux vu, plus tard, comment ces sciences sont dans une étroite dépendance les unes des autres, et comment la philosophie a réellement une intime et puissante unité : il a renoncé à l'idée que chacune des sciences philosophiques pût se constituer à part, et que, sans haute philosophie, ces recherches spéciales eussent leur vrai sens et leur vraie portée. Mais toujours il a déclaré que les grandes, les « formidables » questions, les plus intéressantes pour l'homme, étaient des questions ultérieures, et qu'ainsi il y avait une façon de philosopher, comment dirai-je? en pur savant, qui devait précéder et préparer la philosophie complète et définitive. L'homme ne trouve d'apaisement à sa soif des vérités supérieures qu'après avoir traversé le désert de l'abstraction scientifique. La raison condamne celui qui pense, à n'être qu'un savant avant d'être un homme au sens plein du mot; et

Jouffroy estime qu'il en faut prendre son parti comme il l'a pris lui-même, parce que c'est le moyen de se procurer un jour des certitudes réfléchies. C'est ce qu'on appelle « poursuivre la solution des problèmes formidables », des problèmes vraiment humains, « avec le flambeau de la raison et de la science »; ou encore, « aborder les grandes questions avec l'arme mâle et sainte de la science ».

Je ne juge pas, je ne commente pas : pour le moment, je raconte. Je tiens à bien marquer la situation d'esprit de Jouffroy. Nous voyons pourquoi il est devenu philosophe; nous voyons comment il le devient. Insistons, car la chose en vaut la peine.

Au moment où il conçoit le dessein de remplacer le christianisme par la philosophie, complète est son ignorance, entière son inexpérience. C'est lui qui le proclame. Dans la philosophie il voit à la fois l'usage libre de la raison et le moyen de trouver un substitut au christianisme, un substitut qui soit œuvre de raison et qui mérite le nom de science ; mais ni des conditions d'exercice de cette raison, ni des caractères propres de la science, ni de la nature et des limites de la philosophie, il n'a aucune idée. Je crois que, pour représenter au vrai son attitude intellectuelle, il faut le considérer comme faisant un double geste, un geste d'adieu à la fois méprisant et reconnaissant au christianisme, puis un geste enthousiaste vers un avenir inconnu. Son désir secret est que cet avenir lui rende, découvertes et démontrées par la raison, les vérités qui dans le christianisme charmaient son âme, et ainsi c'est un christianisme laïcisé, une religion naturelle, une *Profession de foi du Vicaire savoyard*, plus savamment déduite, qui est son dernier idéal ; mais ce qu'il ressent d'abord et ce que d'abord il estime et prône, c'est la joie, c'est l'honneur de penser tout seul ; c'est cela qui lui est raison, science, philosophie ; faire soi-même ses affaires dans l'ordre de la vérité, c'est à ses yeux le droit, le devoir, la dignité, le bonheur. De cette libération il s'enivre si bien que cela lui cache d'inénarrables pauvretés. Il ne sait rien, ses camarades ne savent rien, leur guide, leur maître ne sait rien ; et cela ne l'inquiète pas. Tout au contraire, il s'en félicite. Il n'a donc de ce qu'il nomme raison et science qu'une idée négative. C'est par contraste avec la foi qu'il les conçoit l'une et l'autre et c'est pour ce contraste qu'il les estime : la raison consiste surtout pour lui à n'être pas la foi, et, quand elles auraient le même objet, la différence serait encore extrême, « la religion imaginant et imposant, la raison trouvant et démontrant ». Il n'a de la science aucune notion réelle, substantielle, mais du moment que toutes les assertions sortent de la raison et qu'on en déroule l'ordonnance continue et régulière en se passant de la foi, il y a science. En somme, « l'attrait purement scientifique », c'est avant tout de penser seul; et l'ouvrage de la science, c'est essentiellement de trouver soi-même et de ne rien emprunter à personne.

Voilà donc quelques jeunes gens, venus des quatre coins de la France, où leurs succès scolaires les ont désignés à l'attention d'inspecteurs visitant leur province : les voilà réunis dans une école que le Socrate d'Aristophane eût nommée un « pensoir », τὸ φροντιστήριον. Ils sont ignorants, mais l'imparfaite image de cette chose puissante et ravissante qu'on nomme science les hante. Ils vivent dans un temps étrange : une histoire extraordinaire, semblable à une épopée, vient de se dérouler en moins de vingt ans, et au déclin de cet Empire qu'un homme de génie a fondé et soutient encore, si une jeunesse éprise de penser ressent d'une guerre trop longtemps continuée une vague lassitude et d'une sorte de compression intellectuelle une secrète rancune, très vives, très ardentes sont les ambitions d'esprit de ces jeunes gens. Et quand la Restauration commence, avec l'irritant spectacle d'une contradiction étrange, puisque cette Restauration ramène un passé condamné et ouvre en même temps des horizons inespérés, ces jeunes, comme on dirait aujourd'hui, rêvent d'une autre restauration bien autrement ample et profonde : las des destructions du xviii° siècle, ils souhaitent, ils espèrent, dans l'ordre de la pensée et partout, des reconstructions puissantes, et ils sont prêts à se mettre à l'œuvre avec une superbe naïveté. Tout cédera à leurs efforts, et le passé destiné à périr sans retour, et les passions ou les erreurs présentes, car la raison dissipera celles-ci et apprivoisera celles-là. Cette œuvre entrevue vers laquelle toute la jeunesse généreuse se précipite alors, c'est une œuvre de réaction, puisqu'il s'agit de rompre avec les appétits destructeurs du xviii° siècle, et c'est une œuvre révolutionnaire, puisqu'il s'agit d'en finir avec tout ce qui sent et rappelle l'*ancien régime*, et d'en finir de la meilleure manière, de la seule qui soit durable et efficace, en créant du nouveau.

Ces deux caractères sont très marqués en philosophie. C'est un mouvement de réaction très vif contre le xviiie siècle, que Royer-Collard inaugure et que Cousin tout jeune s'apprête à poursuivre. En même temps c'est une sorte de révolution qui commence, dans Royer-Collard lui-même, puisque sa magistrale exposition inspirée par la philosophie écossaise paraît plus jeune, plus hardie, plus neuve que la sagesse de La Romiguière, où le condillacisme tempéré a un air de philosophie d'autrefois, de philosophie comme il faut, contenue, discrète, élégante, sans essor et sans audace. Dans les auditeurs et dans les disciples et dans les continuateurs de Royer-Collard, ce caractère révolutionnaire s'accentue : en brisant avec la philosophie sensualiste, même modifiée par La Romiguière, en rentrant par conséquent dans les vieilles traditions de la philosophie française, en remettant bientôt en honneur Descartes et Malebranche, ils réagissaient contre le xviii° siècle, mais cette réaction leur apparaissait comme une révolution.

Jouffroy, bon juge de ce moment, emploie le mot, on ne l'a pas assez remarqué :

Les esprits élégants et sceptiques étaient pour les doctrines anciennes ; les esprits ardents, naturellement plus révolutionnaires, pour les nouvelles [1].

Et cette nouveauté, c'était, à cette heure, la philosophie de Royer-Collard.

Époque curieuse, que tant d'ardeur recommandera toujours à l'attention de la postérité ; curieux « séminaire de jeunes gens », pour reprendre un mot de Jouffroy, où Jouffroy précisément et Bautain, enflammés par Cousin presque aussi jeune qu'eux, com-

[1]. De l'Organisation des sciences philosophiques, II° partie. *Nouveaux Mélanges philosophiques*, p. 86.

mencent à philosopher avec une si naïve présomption ! On est perdu dans des problèmes techniques ; mais on a la confiance que c'est à la raison de mener le monde. Voyez comme Jouffroy parle de l'inexpérience de M. Cousin si étrangement changée en « prudence » dans le texte du *Mémoire* retouché par Damiron. C'est cette inexpérience qui force Cousin à se renfermer dans des questions étroites. C'est cette inexpérience qui le fait aller à petits pas. C'est elle aussi qui contribue à donner à sa parole tant de feu : ne sachant rien et philosophant avec ses disciples, qui, comme lui, ne savent rien, il a pour ses moindres découvertes une complaisance sans pareille, il s'applaudit de ses moindres succès. Descartes a dit que faire des inventions dans les sciences, c'est vraiment donner des batailles. Cousin, dès ses premiers essais, constate ses victoires, les célèbre, et avec lui ses jeunes auditeurs se félicitent de s'affermir dans l'art de penser. Leurs travaux ne sont que purs « exercices de manège », mais quel profit que d'apprendre à marcher avec fermeté et sûreté !

Aussi, le jour où Jouffroy lui-même, âgé de vingt et un ans, est chargé d'une conférence à l'École normale et de la classe de philosophie au Collège Bourbon, il appelle « une bonne fortune » d'avoir à y improviser un enseignement dont la seule idée eût dû scandaliser et révolter sa probité intellectuelle, sans l'ivresse d'esprit où il vivait. « Dévoré de l'ardeur de la science et de la foi en lui-même », il va de l'avant, il se déclare « capable de chercher et de trouver », et c'en est assez pour qu'il se rassure, et le voilà qui se félicite de l'heureuse nécessité qui lui est imposée d'avoir à remplir un programme comprenant trois sciences, la psychologie, la logique et la morale, et les linéaments d'une quatrième, la théodicée. Écoutons-le lui-même :

C'était là ce qu'on demandait à moi, un esprit de vingt ans, à qui on n'avait enseigné ni l'une ni l'autre de ces sciences, et qui dix-huit mois auparavant n'en avais aucune idée[1].

Et comme des leçons de Cousin il n'avait guère retiré qu'une conviction, à savoir que « tout est à faire et qu'il n'y a rien à emprunter en philosophie », il ajoute, sans sourciller :

C'étaient donc trois sciences à créer, à bâtir de toutes pièces, qu'on me donnait, et cela dans l'espace d'un an[2].

1. De l'Organisation des sciences philosophiques, II⁰ partie. *Nouveaux Mélanges philosophiques*, p. 96.
2. *Ibid.*

Il a beau dire ensuite qu' « en vérité il y avait lieu de trembler » : la joie d' « inventer » domine, c'est visible. Et de la naïve outrecuidance de l'assertion il ne se doute pas. Combien de lecteurs de cette étrange page ne s'en sont jamais doutés, eux non plus! Si, pourtant, l'on a de ce que c'est qu'une science autre chose qu'une idée en l'air, s'avisera-t-on d'en bâtir trois de toutes pièces en un an? Et si l'on comprend ce que c'est qu'un jeune esprit et ce que la parole d'un jeune maître y peut porter de trouble sous prétexte d'y introduire le jour et la lumière, osera-t-on, ne sachant rien, enseigner? J'en connais qui, épris de philosophie, ont renoncé, dans leur dernière année d'École normale, à philosopher, parce qu'ils ne pensaient pas devoir toucher de leurs mains inexpérimentées, devant une jeunesse ignorante, à des choses si délicates, si complexes, si importantes. Jouffroy dit : « Il était impossible que je reculasse. » Ceux-là ont su et osé reculer.

Plus nous avançons dans notre étude, plus il se confirme pour nous que Jouffroy, parlant sans cesse de raison et de science, de méthode, de rigueur, de sévérité, n'a, de la nature propre et des conditions vraies de la science, qu'une idée incomplète et défectueuse. Plus il se confirme aussi que tout faire par soi-même est à ses yeux chose si grande, si excellente, que faire cela coûte que coûte prime tout, et donner l'exemple de cela dispense de tout le reste. Il dit lui-même « qu'il en vint à se convaincre qu'il ne comprenait véritablement que ce qu'il avait trouvé lui-même », que bientôt « il perdit toute foi à l'instruction », qu'il a pu « devoir aux autres bien des excitations, bien des indications utiles, mais qu'il n'a rien su que ce qu'il a trouvé ». La remarque serait d'une vérité incontestable, mais un peu banale, si elle signifiait seulement qu'il n'y a de vraiment possédé par l'esprit que ce qu'il s'assimile et s'approprie par un acte personnel, et qu'en ce sens c'est une nécessité et un devoir de penser soi-même tout en apprenant et pour vraiment apprendre; mais la portée de ces assertions est bien autre : Jouffroy veut dire que l'on ne sait que ce que l'on découvre soi-même et que l'on tire de son propre fonds. Comme « l'inexpérience » de Cousin avait eu pour lui l'heureux résultat d'exciter sa pensée, Jouffroy, devenu professeur, attendait de sa propre inexpérience le même avantage pour ses élèves, même pour ceux du collège, bien qu'il reconnût que « l'enseignement élémentaire » est celui qui doit le plus « effrayer ».

Le voilà donc à l'œuvre, et il est content de ses efforts et de ses succès. La même « ardeur pour la science », telle que vaguement il l'entend, et la « même foi en lui-même », qui l'ont animé au début d'une si « rude entreprise », lui font soutenir « l'énorme labeur » auquel il se livre pour ainsi dire jour et nuit, et il nous conte avec complaisance ses exploits. J'admire une telle puissance de travail, mais je me refuse de plus en plus à reconnaître « qu'il fût rempli », comme il le croit, « du véritable esprit scientifique ». Je lui accorde qu'il était « doué à un assez haut degré du sens psychologique et de la faculté d'observer les faits psychologiques »; et même ce n'est que justice de remplacer cet *assez*, qui est trop modeste, par un *très* que les leçons et les écrits du psychologue justifient pleinement. Je me plais à dire qu'il « avait pour cette science une grande inclination ». Je reconnais de plus qu'il était « passionné pour la précision », et je le crois quand il dit « qu'il ne s'arrêtait jamais à une idée vague ou à moitié éclaircie, et qu'il s'obstinait jusqu'à ce qu'elle le fût complètement ». Mais je ne puis me persuader qu'il fût en état de discerner ce qu'est la précision substantielle, si je puis ainsi parler, et la clarté réelle. Quand je lui entends dire, par exemple, « qu'en morale tout était à découvrir pour lui, et l'objet de la science, et sa méthode, et la science elle-même », et que, néanmoins, grâce à « l'excellente » manière de conduire son esprit, il a bientôt réussi à se rendre maître de beaucoup de vérités, je ne puis m'empêcher de penser qu'il s'abuse.

En abordant une science, dit-il, je cherchais d'abord dans la nature des choses quel était son objet vrai, et je déterminais cet objet avec une rigoureuse netteté[1].

La belle assurance, et quelle aisance souveraine! Mais quoi? est-ce donc possible, quand on ne sait rien, quand on est inexpérimenté? *Nature des choses, objet vrai*, rien que cela, et bientôt *parties vraies de l'objet total* décomposé avec sévérité, *ordre* naturel dans lequel ces parties devaient être étudiées; et encore et enfin, *ses recherches et son cours se déroulant avec ordre et clarté*; je ne sais *combien de difficultés redoutables cédant à une telle méthode*, et une incroyable *vigueur* donnée à l'esprit. En vérité, quelle idée étroite et tout abstraite ne faut-il pas avoir des choses pour se flatter qu'on ait raison de difficultés si complexes par un simple effort intérieur,

---

[1]. De l'Organisation des sciences philosophiques, IIe partie. *Nouveaux Mélanges philosophiques*, p. 97.

par la seule « puissance de la réflexion », si intense, si prodigieux que soit le labeur ? Il entrevoit que « les sciences ne se font pas d'un seul jet, qu'elles sont l'œuvre du temps »; mais la confiance en son travail propre régulièrement mené l'emporte. Il déclare « qu'il a eu le bonheur, dans cette année féconde, de ne guère avancer de résultats qu'il ait dû modifier ou rejeter par la suite, et qu'il lui doit le germe de la plupart de ceux auxquels il est arrivé depuis quinze ans tant en psychologie qu'en logique ». L'année suivante, c'est la morale qu'il commence à établir. Ainsi, il est content de sa conduite et de ses conquêtes, et ayant tant fait « dans le court espace d'une année » d'abord, et finalement en deux ans, il a dans l'arme qu'il manie une confiance absolue : il a en soi de quoi venir à bout de tout.

Et nous, à la fin de cette période où nous l'avons vu devenir philosophe, et philosopher, sachant pourquoi il a voulu philosopher, et comment il s'y prend pour le faire et quels « résultats » il croit avoir obtenus, nous apercevons dans une clarté croissante l'insuffisance de la notion qu'il a de la « science ». En même temps, nous saisissons en lui comme deux hommes. Il y a celui que les recherches spéciales captivent quand une fois il s'y met, parce qu'elles conviennent à son esprit fin, amoureux de précision, méticuleux même, et que d'ailleurs il y entrevoit l'image imparfaite, mais très attirante, de ce qu'il appelle science. Et il y a celui que les hautes questions sollicitent, parce que son âme a besoin de trouver à ces questions la réponse vraie, et que le souvenir et le regret du christianisme lui font concevoir un idéal très relevé de ce qu'il nomme philosophie.

Entre ces deux hommes nous avons vu le conflit commencer. Jouffroy s'est mis à l'aise à peu près en distinguant les recherches particulières et les questions ultérieures. Il a fait deux parts dans son être : ainsi aucune ne lui paraît sacrifiée, à chacune il donne la place convenable. Mais il lui arrive de se reprocher de s'attarder dans les recherches spéciales et d'ajourner l'essentiel. Cela lui arrivera bientôt d'une façon beaucoup plus vive et plus prolongée.

Il y a donc en lui, et il y aura toujours en lui, une sorte de savant et un philosophe qu'on pourrait nommer religieux. La psychologie est le domaine du premier ; le christianisme, le lieu du second : il s'agit pour lui de se dédommager du christianisme perdu, et, si c'est possible, de le remplacer. Entre les deux entreprises un lien bientôt se fait voir et apparaîtra de plus en plus : la psychologie, qu'il estime science et où il trouvera le moyen de faire avec sûreté la philosophie supérieure. Mais le conflit ne cesse pas pour cela, et la raison en est sans doute dans cette idée peu nette au fond qu'il a et qu'il aura toujours et de la science et de la philosophie. Toute son œuvre aura ainsi je ne sais quoi de gêné, d'équivoque. Et c'est ce que la suite de son histoire manifestera et permettra d'expliquer de plus en plus.

III

DE 1822 A 1828

LES COLÈRES, LES ESPÉRANCES, LES AMBITIONS.

Un travail opiniâtre comme celui dont nous venons d'esquisser l'histoire, et cela durant quatre ans, devait ébranler la santé naturellement frêle de Jouffroy. Le repos lui fut nécessaire. Il passa deux années entières dans son cher Jura. Cette retraite raviva en lui les premiers souvenirs et les premières impressions. Il ne revint pas au christianisme, mais, vivant dans un milieu chrétien, il souffrit de son état comme depuis quelque temps il avait cessé d'en souffrir. Si les productions de sa raison lui causaient quelque « orgueil »; son ignorance sur les points essentiels lui redevenait une peine cuisante.

Moi seul étais dans la vie sans savoir ni comment ni pourquoi ; moi seul, si savant, ne savais rien ; moi seul étais vide, agité, privé de lumière, aveugle et inquiet[1].

Il sentit vivement l'obligation de ne pas ajourner indéfiniment la solution des questions vitales, de « celles que les religions posent et résolvent et qui sont précisément celles aussi qui intéressent toute créature humaine ». Le « pâtre » sur sa montagne en a le soupçon, le souci, la vision : à lui, philosophe, de tâcher de les résoudre avec « cette raison qui, maintenant, sait chercher et trouver ».

1. De l'Organisation des sciences philosophiques, IIe partie. *Nouveaux Mélanges philosophiques*, p. 103.

Et il les range sous sept chefs. Pourquoi l'homme est-il ici-bas ? Toute son existence est-elle oui ou non renfermée dans les limites de cette vie ? L'autre vie, s'il y en a une, sera-t-elle immortelle ? Qui a fait l'homme, qui a fait le monde ? A l'existence de l'espèce quelle est la raison, et quelle est la destinée de l'humanité ? Mais la nature entière, qu'est-elle ? Et enfin de cet ordre de choses maintenu et fondé par des lois, quelle est l'origine première, et où est le fondement des droits et des devoirs sociaux ? C'est pour résoudre ces questions qu'il avait embrassé la philosophie. Il lui fallait maintenant de longues réflexions pour déterminer le rapport qu'elles peuvent avoir avec les recherches philosophiques qui venaient de l'occuper pendant quatre ans. Ce sont ces efforts pour mettre l'ordre dans ses pensées et je devrais dire dans sa conscience philosophique que le *Mémoire sur l'Organisation des sciences philosophiques* expose lentement, minutieusement. Le conflit que nous signalions plus haut devient aigu par moments ; la conception d'une sorte de positivisme apparaît nettement, ce n'est plus une pratique imposée par la nécessité, c'est presque une théorie ; puis la conception de l'unité profonde de la philosophie apparaît à son tour, et c'est elle qui triomphe. « La philosophie tout entière, dit-il, est un seul arbre dont la psychologie est le tronc... Que de fois, dit-il encore, en observant les phénomènes de la nature humaine et en constatant ses lois, j'en avais vu sortir comme d'elles-mêmes des inductions lumineuses sur les différents problèmes métaphysiques[1] ! »

1. Voir à la page 133 des *Nouveaux Mélanges philosophiques*.

Voilà donc, une bonne fois, ce semble, la paix faite entre les deux hommes qui sont en lui. Par scrupule de méthode, et pour le plus grand profit de la philosophie supérieure, il se retient, il se retiendra. Il ne laissera point « son esprit s'échapper » ; il se défendra « des anticipations mères des systèmes » ; mais il aura l'espoir et la confiance que les questions vitales trouveront ainsi, dans un temps qui ne sera peut-être plus trop éloigné, la solution cherchée.

Il était dans cette situation d'esprit quand la suppression de l'École normale lui donna, au moment même où sa santé paraissait raffermie, des loisirs sur lesquels il ne comptait pas. Ayant renoncé alors à la chaire du Collège Bourbon, il fut parfaitement libre de se livrer « au perfectionnement de ses idées », et cela dura six ans, de 1822 à 1828.

Des articles, que Jouffroy publiait dans l'*Encyclopédie*, puis dans le *Globe*, et des cours particuliers qu'il ouvrit dans sa chambre, rue de Seine, puis rue du Four, remplissent cette période. La double préoccupation devenue constante en lui se montre dans ses articles et dans ses cours; tantôt ce sont les questions vitales qui font courir sa plume ou vibrer sa voix; tantôt ce sont les recherches particulières qu'il reprend avec une patiente lenteur. En général, il se prépare à la haute philosophie; de temps en temps, il prophétise.

Deux morceaux célèbres donnent une idée des sentiments qui s'agitaient dans cette âme de vingt-six ans, après la suppression de l'École, et des vues ou des rêves dont l'avenir considéré par lui était l'objet. Dans ces deux morceaux, dont l'un n'a jamais été qu'un article, dont l'autre avait été d'abord une leçon, rue du Four, il y a une extrême jeunesse d'allure, malgré la gravité voulue, et une liberté qui lâche les brides et se donne carrière. C'est une grande vue d'ensemble sur les hommes et sur les choses. Tout est touché d'une main hardie, et l'auteur, comme je disais tout à l'heure, prophétise. Et, dans les deux morceaux, c'est du christianisme qu'il s'agit. La question religieuse est celle qui prime tout, et au fond la seule : tout dans l'ordre social, tout dans la politique, tout dans l'histoire, s'y ramène. Seulement, en 1823, quand Jouffroy écrit *Comment les dogmes finissent*, cet article que le *Globe* ne publie que le 24 mai 1825, le christianisme est à ses yeux l'ennemi, le maître vaincu qu'on est à la veille de remplacer. En 1826, quand il prononce dans sa chambre les deux premières leçons d'un cours sur la « philosophie de l'histoire », leçons publiées par le *Globe* le 13 octobre 1827, les ambitions du philosophe sont les mêmes, et c'est bien encore à la philosophie qu'il remet le soin de gouverner l'humanité, mais il se plaît à nommer « chrétienne » la civilisation qui est la nôtre et « qui contient l'avenir du monde ».

Les vingt pages où il est expliqué *Comment les dogmes finissent* offrent, dans l'allure et dans le ton, un mélange de Montesquieu et de Rousseau qui n'est pas sans saveur. C'est grave, incisif, sentencieux, et les traits abondent. En même temps, la façon dont les mots de « vérité » et de « vertu » sont parfois prononcés a une sorte d'honnêteté oratoire, déclamatoire même, et le pamphlet devient édifiant, à sa manière. C'est fort curieux. La colère gronde. La tyrannie et la corruption sont dénoncées avec éclat. Je crois que l'auteur s'est en quelques endroits souvenu ou inspiré de Tacite. De quoi donc s'agit-il? De quel Tibère ou de quel Néron la société est-elle menacée? Rien de plus abstrait que toute cette peinture, car c'est bien une peinture et les couleurs sont violentes si le dessin est sobre. Mais quel en est au juste le sujet? Et, si c'est une histoire, quels sont les événements qui y sont racontés? L'auteur procède par aphorismes, par généralités très fortement rendues, sans qu'il soit possible de discerner exactement quels faits historiques justifient ses vues. Est-ce la fin du paganisme qui lui inspire ses réflexions sur l'indifférence religieuse que les intérêts et la politique arment contre des croyances nouvelles et rendent persécutrice? N'est-ce pas à la Réforme du xvi° siècle qu'il songe ailleurs ? A chaque instant on est dérouté. Il parle sans cesse du « vieux dogme »; c'est l'objet même de l'article : le paganisme n'avait pas de dogme. Il parle de libre examen et de scepticisme religieux : la Réforme du xvi° siècle n'a d'abord connu ni l'un ni l'autre. Est-ce donc plutôt la philosophie du xviii° siècle et la Révolution française qu'il a en vue ? Oui, sans doute, il y pense, mais surtout en considérant, dans le moment actuel où il écrit, les suites de l'une et de l'autre, et un combat qui le passionne, une entreprise dont il a souffert, un mouvement offensif qui vient de renverser sa chaire de l'École normale, qui menace la philosophie... Sous ces formes solennellement graves se cachent et se trahissent des émotions vives, toutes récentes, ou pour mieux dire présentes. Nous cherchons les faits auxquels chaque ligne contient des allusions : ils ne sont point dans le passé, sauf peut-être pour les premières pages ; ils sont dans l'histoire d'hier, dans l'expérience d'aujourd'hui, dans la menace de demain. C'est le gouvernement de la Restauration qui est « oppresseur et corrupteur », et qui semble renouveler Tibère et Néron. C'est lui qui, composé pour une bonne part de gens incrédules ou peu croyants, veut mettre au service de la religion ce qu'il a de force, et entend puiser dans la religion imposée, protégée, servie par lui, un soutien sacré qui le rende lui-même vénérable et durable. C'est lui donc qui est « hypocrite » et encourage, favorise « l'hypocrisie ». Ce sont les adeptes dégénérés d'un christianisme affadi qui « convoquent » pour raffermir la religion « les intérêts coalisés » ; et ce sont les partisans sceptiques d'une royauté minée de toutes parts qui excitent pour la sauver le fanatisme religieux. « L'affiliation puissante qui couvre tout le pays d'un filet », c'est la *Congrégation*. « La parole enlevée à toute doctrine contraire », c'est l'École supprimée, la Sorbonne privée de Cousin, de Guizot. Et ainsi de suite. Tout s'éclaire, tout s'explique, quand c'est dans le fait prochain, dans le fait actuel qu'on va chercher le sens de ces mots d'une violence discrète. Ceci est écrit en 1823, publié en 1825. Qu'on se le rappelle, et il n'y a plus d'énigme.

Certes, nous avons peine à ne point sourire par moments, car, avec la meilleure volonté du monde, nous ne réussissons pas à nous représenter Louis XVIII ni même Charles X comme d'affreux oppresseurs. Le gouvernement de la Restauration n'était pas si noir. Et les Jésuites n'ourdissaient aucun plan machiavélique[1]. Cette juvénile colère calomnie une époque de l'histoire de France qui a eu ses grandeurs, ses avantages, et dont plus d'une plume non prévenue s'est complu à retracer la bienfaisante influence. Mais si nous attachons notre attention à certains faits incontestables et significatifs, nous trouverons que, si Jouffroy exagère ridiculement, tout néanmoins n'est pas faux. C'était une alliance irritante que cette alliance du trône et de l'autel telle que la Restauration la concevait et la pratiquait. C'était une fâcheuse politique religieuse que celle qui, en maintenant l'Université impériale comme instrument de règne, prétendait y infuser par la voie des décrets des habi-

---

[1]. Voir le livre de M. Geoffroy DE GRANDMAISON, *La Congrégation* (Paris, PLON).

tudes et comme une tenue chrétienne, sinon l'esprit chrétien lui-même. Un temps où il a été possible, comme le raconte le P. Gratry dans ses *Souvenirs de jeunesse*, que le chef d'un établissement d'instruction publique dit à ses élèves : « Communiez à Pâques. Moi qui ne suis pas croyant, je le fais bien »; un tel temps mérite quelques-unes des invectives de Jouffroy. Dans les cadres universitaires, Bautain le montre admirablement, la religion commandée ou conseillée d'une façon maladroite à tout le moins, et parfois intéressée et hypocrite, perdait sa dignité, son efficacité; et plus on prétendait la relever dans les institutions, plus on l'abattait dans les âmes. Si Jouffroy n'avait que stigmatisé cela, son pamphlet serait bon. Il a montré comment les dogmes finiraient dans les esprits et dans les sociétés où, l'indifférence et le scepticisme grandissant, l'intérêt seul et la politique deviendraient les auxiliaires d'une religion dont le sens se serait perdu. Mais il a prétendu raconter un fait. Il a dit que c'était le vice de toute la société de son temps. Il a dit que c'était l'irrémédiable sort du christianisme. Il a confondu avec le dogme même une certaine façon défectueuse de l'entendre, de le déclarer, de le défendre. Il a vu un plan dans les mauvaises pratiques d'une habileté douteuse ou d'une maladresse notoire. Et il a cru et déclaré le christianisme usé, fini, « mort ». Pauvre Jouffroy à qui des misères ou des tracasseries ressenties par lui et autour de lui ont dérobé la vue de l'incessante vitalité du christianisme, du catholicisme ! Il enregistre presque l'acte de décès de la religion. Que dirait-il si, à la fin de ce même

XIXᵉ siècle, il la voyait présente à tout, mêlée à tout, partout agissante, et d'une tout autre manière que celle dont il était indigné et écœuré ? Que dirait-il en voyant la Papauté ressaisir cette suprématie que Leibniz regrettait au XVIIᵉ siècle qu'elle eût perdue[1], et les plus hautes questions traitées par elle, et la démocratie par elle accueillie, bénie, guidée ? Mais déjà au temps où il écrivait, bien des signes manifestaient la vitalité du catholicisme, et bientôt Montalembert allait parler et écrire, Lamennais commençait à dire que le moment était venu de séparer la cause des rois et celle de l'Église, et il risquait, au sujet de l'avenir du christianisme romain, ces grandes prévisions qu'il compromettait et qu'il gâtait

---

[1]. Cf. OLLÉ-LAPRUNE, *Ce qu'on va chercher à Rome*, pp. 65-66 (Paris, COLIN).

par sa chimère d'une liberté sans limites et d'un renouvellement total et foncier de l'Église.

Aveugle sur le vrai caractère et sur la puissance invincible du christianisme, Jouffroy voit du moins avec netteté qu'il en faut finir avec l'esprit du XVIII° siècle, et il le dit avec une admirable vigueur. La passion sectaire étroite, inintelligente, complice souvent de vulgaires et bas intérêts, n'a jamais peut-être été peinte en traits plus sanglants.

Il faut que la génération de ceux qui ont ruiné l'ancienne foi passe. Son œuvre fut de détruire, jamais il ne lui sera donné de rétablir... Leur vie s'est usée à combattre l'ancien dogme ; arrivés vieux à leur fin, leur vigueur défaillante s'est endormie dans le scepticisme, et leur esprit vide de croyances s'est laissé prendre à la morale des passions[1]...

---

1. Comment les dogmes finissent. *Mélanges philosoph.*, p. 12.

Le peuple, « témoin de leur impuissance, de leurs divisions, de leur dégradation », n'a plus pour eux que de l'indifférence et du mépris.

C'est vers les « jeunes », comme on dirait maintenant, que se tourne Jouffroy. Il leur adresse un chaleureux appel. Ceux qui comme lui ont vu finir en eux « le vieux dogme » et qui, comme lui, « sentent qu'il faut travailler à l'avènement du nouveau », voilà la ressource de l'avenir. Les naïves espérances qu'il a conçues pour lui-même, il les transporte à toute la nation, au monde entier. C'est une ère nouvelle qui va commencer : « l'empire légitime de la vérité » va être rétabli. On va ressaisir par la raison toutes les croyances essentielles, et ce sera l'œuvre de cette jeunesse dont il est un des représentants, un des guides, pourvu qu'elle entende son devoir et qu'elle ose le remplir. Il faut maintenant des « apôtres ». Le mot y est, et un souffle ardent et généreux passe à travers ces pages. C'est presque comme le *Discours* de Fichte à la nation allemande :

Une génération nouvelle s'élève, qui a pris naissance au sein du scepticisme... Pour elle le vieux dogme est sans autorité ; pour elle le scepticisme a raison contre lui, mais il a tort en lui-même : quand il a détruit, il ne reste rien. Et déjà ces enfants ont dépassé leurs pères, et senti le vide de leurs doctrines. Une foi nouvelle s'est fait pressentir à eux ; ils s'attachent à cette perspective ravissante avec enthousiasme, avec conviction, avec résolution. L'espérance des nouveaux jours est en eux ; ils en sont les apôtres prédestinés, et c'est dans leurs mains qu'est le salut du monde[1].

Toujours sa propre expérience, sa propre histoire lui apparaissant comme ce que le

---

[1]. Comment les dogmes finissent. *Mélanges philosoph.*, p. 13.

temps présent impose aux meilleurs et réclame d'eux, comme l'inévitable et comme l'obligatoire, comme ce qu'il fallait subir et comme ce qui est à faire : cesser d'être chrétien, au nom de la raison, c'est le fait accompli ; travailler pour que la raison ait enfin raison et règne, c'est le devoir. Et, parce qu'il y a dans ce double mouvement erreur et vérité, parce que se détacher du christianisme est une folie et un mal, et qu'aspirer à un renouvellement des esprits est une grande sagesse et un grand bien, ces pages font sourire de pitié à force d'aveugle et d'outrecuidante prétention, et elles charment, elles échauffent à force de confiance dans l'avenir et de généreux enthousiasme. Il y a là des choses qui sont parmi les plus belles que Jouffroy ait écrites ; mais continuons. Il trace aux jeunes gens la ligne qu'ils doivent suivre : il les veut « supérieurs à tout ce qui les entoure », et il entend qu'ils « ne soient dominés ni par le fanatisme renaissant, ni par l'égoïsme sans croyance qui couvre la société ». Il les voit avec les hautes qualités qu'il leur souhaite, et c'est un portrait qu'il trace.

Ils jugent le passé; ils méprisent l'incrédulité du présent, ils abhorrent sa corruption. Ils ont foi à la vérité et à la vertu ; ou plutôt, par une providence conservatrice qu'on appelle aussi la force des choses, ces deux images impérissables de la Divinité, sans lesquelles le monde ne saurait aller longtemps, se sont emparées de leurs cœurs, pour revivre par eux, et par eux rajeunir l'humanité[1].

Que vont-ils donc faire, ces jeunes apôtres ? Travailler de toutes leurs forces à « découvrir la doctrine nouvelle à laquelle toutes les

1. Comment les dogmes finissent. *Mélanges philosophiques*, p 14

intelligences aspirent à leur insu ». Et entendons bien cette parole : au nom de la vérité, au nom de la doctrine nouvelle, « tous les bras s'armeront, s'il y a lieu ». (Jouffroy venait de s'affilier avec Augustin Thierry au carbonarisme).

Voilà « l'œuvre sainte à laquelle ils se dévouent dans le silence ». Ils ont « le sentiment de leur mission et l'intelligence de leur époque. Ils comprennent ce que leurs pères n'ont point compris, ce que leurs tyrans corrompus n'entendent pas ». C'est clair : ils rejettent le scepticisme et l'esprit démolisseur du xviii° siècle, ils ne veulent pas de l'ancien dogme rétabli par le gouvernement de la Restauration. « Ils savent, reprend Jouffroy, ce que c'est qu'une révolution, et ils le savent parce qu'ils sont venus *à propos.* » Quel sentiment vif de l'œuvre à faire telle que Jouffroy la conçoit ! Quelle affirmation du devoir présent ! Et il s'explique.

Leurs pères, dit-il, n'ont aperçu que la première moitié de la tâche, et ils l'ont accomplie : éclairés sur la fausseté du vieux dogme, leurs mains l'ont renversé; mais leur intelligence, absorbée par la grandeur de cette œuvre, n'a pu s'en dégager et embrasser d'autres perspectives[1].

Eux, les jeunes, ceux qui en 1823 ont vingt ou vingt-cinq ans, « héritiers » de ces sceptiques, ils « arrivent sur la scène, nourris dans le mépris du vieux dogme, libres du soin déjà rempli de le réfuter, avides de nouveautés, et plein des besoins de leur époque qu'aucun préjugé ne les empêche de ressentir ».

A eux se dévoile l'énigme qui avait échappé aux autres; à eux le doute ne paraît plus la

1. Comment les dogmes finissent. *Mélanges philosoph.*, p. 14.

révolution, mais sa préparation. Ils aperçoivent l'autre moitié de la tâche, et sentent la nécessité de la vérité; et, parce que seuls ils la sentent, ils savent qu'en eux seuls est l'avenir, et par conséquent la force[1].

C'est presque Pascal, parlant de la « force de la vérité », mais un Pascal du XIXe siècle, qui a sans cesse les yeux sur « l'avenir » et croit le moment venu de s'en emparer. Dans le silence où le gouvernement réduit des hommes comme Jouffroy, les esprits ardents s'exaltent, en se recueillant, et plus il semble « qu'il y a loin de ce qu'ils voient à ce qu'ils pensent », plus « l'indignation » qui les échauffe les prépare à l'action. « Les germes des hautes vertus, des grandes idées, des nobles sentiments », se développent avec rapidité, « de stoïques caractères se forment »,

---

1. Comment les dogmes finissent. *Mélanges philosoph.*, p. 15.

qui, le moment venu, « éclatent » et renversent tout.

A mesure que le temps marche et qu'avec lui s'augmente le dégoût de ce qui est et l'attente de la vérité, un grand nombre d'esprits, même parmi ceux qui n'ont point cherché, se trouvent plus ou moins illuminés. Tous seront des apôtres ou des prosélytes, des soldats ou des chefs de la foi nouvelle. Cette foi est déjà née. Elle vit dans l'esprit de plusieurs, elle est attendue par tous ; car tous ressentent une vague inquiétude, dont elle est l'objet ignoré, et qu'elle seule peut apaiser. Ses ennemis sont usés, divisés, méprisés... Enfin les temps sont arrivés, et deux choses sont devenues inévitables : que la foi nouvelle soit publiée, et qu'elle envahisse toute la société[1].

Comment cela se fera-t-il ? Nul ne le sait.

Tantôt le pouvoir se désorganise lui-même ;... tantôt un événement extérieur... détermine la

---

1. Comment les dogmes finissent. *Mélanges philos.*, pp. 18-19.

manifestation de la vérité ; tantôt un fait trivial, imprévu, en apparence insignifiant, introduit sur la scène un homme qui parle, et cette étincelle allume l'incendie ; quelquefois c'est un prophète enthousiaste... qui se produit tout à coup, fort de sa mission et de son zèle. L'homme, le lieu, le moment, l'occasion n'y font rien : toujours est-il que la force des choses rend inévitable une promulgation qu'elle a préparée, et dont elle a d'avance abattu tous les obstacles.

Ainsi s'accomplit la ruine du parti de l'ancien dogme et l'avènement du nouveau. Quant au vieux dogme lui-même, il est mort depuis longtemps[1].

Dans le morceau intitulé *De l'état actuel de l'humanité*, Jouffroy exprime les mêmes espérances, mais il n'a plus contre l'ancien dogme les mêmes colères. Nous sommes en 1826, et c'est au début d'un cours sur la philosophie de l'histoire que se place cette grande

1. Comment les dogmes finissent. *Mélanges philosophiques*, p. 19.

étude. Quand la leçon est devenue un article, nous sommes en octobre 1827. Jouffroy se tempère, s'assagit. Les considérations historiques, pour lesquelles il a toujours eu beaucoup de goût, prennent plus de sérénité quand elles s'élèvent à de très hautes généralités. Ce qui le frappe ici, c'est que trois systèmes de civilisation, fondés par trois grandes familles de peuples, se partagent le monde : la civilisation brahmanique, la civilisation mahométane, la civilisation chrétienne. Seule celle-ci est conquérante.

La supériorité de vérité est aussi une supériorité de force et donne la supériorité d'attraction. C'est aux conquêtes du christianisme que nous reconnaissons sa supériorité de vérité, comme on l'a fort bien dit, et cette supériorité de vérité lui promet la domination du monde [1].

1. De l'état actuel de l'humanité, I. *Mélanges philosophiques*, p. 79.

Puis Jouffroy remarque chez les nations chrétiennes « une supériorité de puissance » qu'il étale en recourant, chose rare chez lui, à quelques détails vifs et précis, à des chiffres même, à des faits vulgaires mais significatifs ; et « cette supériorité de puissance n'est » à ses yeux « qu'un effet dont la supériorité d'intelligence ou de science est la cause véritable ». On ne peut mieux dire : les nations musulmanes ne sont-elles pas réfractaires à la science ? n'est-ce pas au sein du système religieux le plus solide que la science s'est développée, s'est accrue et a produit les fruits que nous voyons ?

Je laisse de côté des réflexions intéressantes sur l'Angleterre, sur l'Allemagne, sur la France, sur l'Amérique. On les lira avec plaisir dans l'écrit de Jouffroy. On y verra combien sa curiosité était éveillée, combien, malgré les généralités abstraites où il se complaît d'ordinaire, il possédait sur certains points au moins des connaissances variées, quel sens des faits littéraires il avait, et comment il eût pu exceller dans ce qu'on nomme maintenant la critique, où l'histoire, la philosophie, les lettres se donnent rendez-vous et se mêlent aux préoccupations intimes et au spectacle du temps présent. Je m'arrête seulement à la pensée maîtresse.

Cette pensée, c'est que notre civilisation est chrétienne et qu'à elle appartient l'empire. Entre les trois nations qui la dirigent, la France, l'Angleterre, l'Allemagne, « il existe une alliance involontaire, vraiment majestueuse et sainte, car elle a pour effet le perfectionnement de l'humanité; et c'est à elles que semblent avoir été confiées les destinées de l'humanité ».

De cette véritable Sainte-Alliance, il voudrait que les hommes d'État eussent souci. Il sait que les esprits mesquins se railleront de ces vues sur « l'espèce humaine tout entière ralliée au système chrétien ».

A leurs yeux, ce sont des illusions. Il ne s'en étonne pas.

Pour ceux qui ne savent point saisir l'unité sous les différences dans le spectacle actuel du monde,... et qui, pleins d'un respect superstitieux pour l'obscur avenir, n'osent point l'enchaîner d'avance aux lois d'une raison qui mourra demain, nous concevons, dit-il non sans ironie, nous concevons que pour ceux-là nos spéculations ressemblent à des rêves [1].

Du moins il faut « songer à servir son pays : c'est l'intérêt et le devoir » de tous. Or :

1. De l'état actuel de l'humanité, II. *Mélanges philosophiques*, p. 97.

Comment la servir, si nous ne comprenons point sa position? et comment la comprendre, si nous ne savons ni d'où nous venons ni où nous allons, si nous ignorons par quel enchaînement de causes ce qui nous entoure a été produit, quelles autres causes cachées nous travaillent, et quel avenir elles nous préparent[1]?

Et ici Jouffroy dénonce avec une rare vigueur l'ignorance et la légèreté de ceux qui s'improvisent hommes politiques. Il emploie de vives expressions qu'on pourrait retourner contre lui et ses maîtres s'improvisant gouvernants, non pas des nations, mais des esprits et des âmes. Il ne s'en aperçoit pas. Il est tout à son indignation : elle est belle et lui inspire de sévères paroles, qui d'ailleurs auraient, en d'autres temps, des applications

1. De l'état actuel de l'humanité, II. *Mélanges philosophiques*, p. 97.

plus justes. Il vient de rappeler les questions auxquelles il faudrait savoir répondre quand on a l'honneur de présider aux destinées de son pays ou qu'on a quelque part aux affaires publiques.

Et cependant ces questions, s'écrie-t-il, qui songe à se les poser? qui s'inquiète de les résoudre? Ouvrons les yeux et regardons. Dans cette fourmilière politique qui s'agite autour de nous pour monter au pouvoir et gouverner nos destinées, quel est le pygmée qui n'a point la prétention de les régler et par conséquent de les connaître? Et cependant quel est celui de ces hardis compétiteurs qui ait jamais pris une année, que dis-je? un mois, une semaine sur ses affaires pour y réfléchir? Serait-ce donc que la politique est une chose si simple, qu'il suffise d'avoir atteint l'âge de raison pour la comprendre, ou que, par une grâce spéciale, elle se révèle tout à coup à ceux qui s'y consacrent[1]?

1. De l'état actuel de l'humanité, II. *Mélanges philosophiques*, p. 97.

Et il continue, multipliant dans des pages compactes, serrées, sans un alinéa, son invective et sa remontrance. Il a des mots d'une sanglante justesse. « *La politique de ménage*, à laquelle suffisent les lumières du simple bon sens et l'expérience de la vie », voilà certes une formule bien trouvée. Le développement est plein de verve. Je ne résiste pas au plaisir de le citer :

Entouré des liens de la société, chacun sent dans son village de quel côté la chaîne le blesse, et le moindre paysan peut remonter jusqu'à la main du sous-préfet qui la tire ; un degré de sagacité de plus, on arrive au préfet ; et, sans être bien éclairées, vingt personnes par département peuvent atteindre la source du mal, l'indiquer et délibérer du remède. Mais ce n'est point dans de pareilles questions que gît la destinée d'un peuple, pas plus que la destinée d'un homme ne consiste à être bien nourri, chaudement vêtu et commodément logé ; elles peuvent intéresser la santé du corps social et concourir à lui donner de la force ; mais la santé et la force sont des moyens et ne sont pas le but. L'homme a-t-il rempli sa destinée quand il se porte bien ? Les médecins eux-mêmes ne le pensent pas. L'a-t-il remplie davantage lorsqu'il a fait fortune ? A ce compte les derniers jours de l'homme enrichi manqueraient de destinée, et la vie tout entière de ses enfants n'en aurait point. Non, le bon sens et le catéchisme protestent à la fois contre cette doctrine. Le but de la vie est moral, non animal ; le corps est une nacelle fragile qui porte l'homme sur l'océan de la vie ; le pilote doit la sauver des écueils, mais ce n'est point pour la sauver qu'il navigue ; autrement il eût été absurde de quitter le port. Ne prêtons point cette absurdité à la Providence, quand notre conscience l'en absout. La Providence ne fait pas de cercles vicieux, et la vie des nations n'en est pas plus un que celle des individus. Elles non plus ne quittent point le port uniquement pour ne point périr, et n'arrivent point à l'existence seulement pour éviter de la perdre ; elles aussi ont leur mission à remplir en ce monde ; et pour elles aussi, par-delà la science qui s'occupe de la santé du corps social, il en est une autre qui s'occupe de sa destinée[1].

Jouffroy ne tarit pas. Il revient à l'incompétence de ceux qui prétendent mener les affaires publiques sans avoir jamais une pensée haute, large. Il vient de distinguer deux sciences :

Pour administrer un pays, dit-il sans discontinuer, la première peut suffire ; mais il faut posséder la seconde pour le gouverner. Et c'est précisément de celle-ci que nos hommes d'État ne s'inquiètent point. Économistes, administrateurs, légistes, nous avons de tout cela en abondance ; de ces hommes-là on en forme en France à la douzaine ; nous en avons des fabriques, comme de médecins ; mais d'hommes politiques, mais d'hommes d'État, nous n'en avons point, et à la manière dont vont nos

1. De l'état actuel de l'humanité, II. *Mélanges philosophiques*, p. 98.

affaires, on s'en aperçoit. Et comment en aurions-nous, quand les questions, dont la solution réfléchie peut seule les former, ne sont pas même posées, pas même soupçonnées de ceux qui sont assis au gouvernail; ... quand, au lieu d'étudier l'avenir du monde, et dans cet avenir celui de l'Europe, et dans celui de l'Europe la mission de leur pays, ils ne s'inquiètent, ils ne s'occupent que des détails du ménage national[1]?

Certes, il y a des temps où l'on ne se plaindrait pas que ce souci fût le principal, pourvu que le ménage fût bien fait. S'occuper d'améliorer l'intérieur autrement que par des phrases en l'air ou par des règlements hâtifs, vaudrait mieux que de courir au dehors les aventures. Néanmoins, Jouffroy a raison. Sans grandes vues, une nation s'étiole. L'égoïsme alanguit et puis tue les peuples

[1]. De l'état actuel de l'humanité, II. *Mélanges philosophiques*, p. 99.

comme les individus. « Les affaires intérieures vont mal », quand toute l'activité s'y termine ; « et le moyen de rendre la santé détestable, c'est de passer sa vie à s'en occuper ». La France surtout a besoin « d'agir au dehors », et autrement « qu'en vertu d'une nécessité et pour un but intérieur ». Elle a une « mission » civilisatrice. Il faut que sa politique soit conduite « au profit et dans le sens de l'union de l'Europe, et de la civilisation du monde par l'union et les idées de l'Europe ».

C'est la même ambition hautement patriotique qui éclate dans le petit écrit sur le *Rôle actuel de la Grèce dans le développement de l'humanité*, publié dans le *Globe* du 16 juin 1827. Après avoir esquissé en des pages d'une belle poésie l'histoire de la Grèce, Jouffroy s'anime à la vue du soulèvement du peuple hellénique contre les Turcs, ses oppresseurs. Il gourmande l'Europe, la France, se plaint des lenteurs de la diplomatie. Avec une naïveté dont sa grande intelligence aurait dû le prévenir, il accuse sottement les Jésuites de s'unir à M. de Metternich pour arrêter la Providence dans l'exécution du vaste plan qu'elle poursuit depuis quarante siècles. A part cela, l'article est beau. Il est d'une allure noble et vive : et, si l'historien philosophe, exclusivement préoccupé du rôle de la Grèce dans le développement de l'humanité, oublie ou méconnaît les autres influences, la conception d'ensemble est grande, et il est vrai que la Grèce a exercé une action d'élite sur les destinées de l'espèce humaine.

Ce qui manque là comme dans le morceau sur *l'état actuel de l'humanité*, c'est une vue plus juste et un sentiment plus profond de ce que peut toujours le christianisme dans et pour cette civilisation que Jouffroy d'ailleurs nomme chrétienne. Il ne voit pas que cette union des peuples, cette attention aux intérêts généraux de l'humanité, ce désintéressement suprême dans la conduite des grandes affaires, c'est au christianisme, qui a fait naître de telles vues et de telles pratiques, qu'il faut demander de les entretenir ou de les renouveler. C'est la chrétienté étendue au monde entier, une chrétienté où brillent les lumières de la science moderne, mais dont l'Église demeure l'inspiratrice, dont la Papauté est le guide, c'est cela qui peut réaliser le vœu de Jouffroy, et c'est cela qui d'une certaine manière est déjà une réalité. Sachons gré à Jouffroy des pages que nous avons rappelées. Sa philosophie de l'histoire se ressent des préjugés de son temps, de ses préjugés à lui, et il est un publiciste bien insuffisant sans doute. Sans doute aussi, il y a quelque fatalisme dans la façon dont il aime à énoncer les lois de l'histoire. Mais, à cette époque de sa vie surtout, il est généreux. Il ne parle point, comme cela lui arrivera plus tard, de se réduire au rôle de « contemplateur » en se croisant les bras. Et ses indignations sont nobles, et sa façon de dire qu'une nation a une mission civilisatrice est belle, et il flétrit énergiquement ceux qui méconnaissent ces vérités. Ce sera résumer comme il convient cette partie de ces travaux que de citer encore de l'opuscule trop peu connu sur *l'état actuel de l'humanité* une page d'une indignation enflammée.

Nous ne concevons pas que tant de gens de conscience se jettent dans les affaire politiques et poussent ou tirent le char de notre fortune dans un sens ou dans un autre, je ne dis pas seulement avant d'avoir songé à se poser ces grandes questions, mais encore avant de les avoir agitées en eux-mêmes et examinées avec la maturité convenable. Car il faut qu'ils conviennent qu'ils agissent en aveugles dans une affaire où les plus graves intérêts sont compromis. Se conduiraient-ils de la sorte, s'ils étaient chargés de décider du bonheur ou du malheur, de la ruine ou de l'élévation d'une famille ? et, par hasard, les intérêts de l'humanité, de l'Europe, de leur pays, seraient-ils moins sacrés que ceux d'une famille, et le fait de les compromettre par légèreté et paresse de s'instruire, moins coupable et moins honteux ? Je sais que la marche de l'humanité est tracée, et que Dieu n'a pas laissé son avenir aux chances des faiblesses et des caprices de quelques hommes. Mais ce que nous ne pouvons ni empêcher ni faire, nous pouvons du moins le retarder ou le précipiter par notre mauvaise ou notre bonne conduite. La Providence n'est point sage pour nous dispenser d'être bons : elle gouverne le monde ; mais dans les larges cadres de la destinée qu'elle lui a faite, il y a place pour la vertu et la folie des hommes, pour le dévouement des héros et l'égoïsme des lâches. Il est du devoir de tout homme de bien qui, par sa position ou sa capacité, peut influer sur les affaires de son pays, de s'en mêler; il est du devoir de tous ceux qui s'en mêlent de s'éclairer sur le sens dans lequel ils doivent diriger leurs efforts. Or, on ne peut y parvenir que par le moyen que nous avons indiqué, c'est-à-dire en cherchant où en est le pays et où il va, et en examinant, pour le découvrir, où va le monde et ce que peut le pays dans la destinée de l'humanité. Telle est notre morale politique, et voilà pourquoi la question que nous avons posée, si majestueuse pour le philosophe qui y voit l'avenir de l'humanité[1], si intéressante pour le citoyen obscur qui y voit celui de son pays, nous paraît infiniment importante pour l'homme

---

1. Le P. Gratry aimait à dire que « l'humanité finira comme elle voudra, comme un homme ivre, ou comme un sage et un saint ». Et il insistait sur le devoir « d'imprimer au monde un élan » vers la vérité et le bien. Voir *Les Sources, La Morale et la Loi de l'histoire, Le Mois de Marie*, etc. — Cf. OLLÉ-LAPRUNE: *Le Devoir d'agir* (Paris, DUMOULIN).

qui se sent la mission d'influer sur les affaires de sa patrie et qui a résolu d'accomplir cette mission avec conscience et gravité[1].

[1]. De l'état actuel de l'humanité, II. *Mélanges philosophiques*, pp. 102-103.

IV

DE 1822 A 1828

LES RECHERCHES PSYCHOLOGIQUES
ET LES RÉSULTATS.

C'est devant des hommes presque aussi jeunes que lui, pour la plupart, et intelligents, ardents, que Jouffroy prononçait en 1826 les paroles que je viens de rapporter. L'article de 1827 est la première leçon d'un des cours que faisait dans sa chambre le professeur privé de sa chaire. Il y avait là, au témoignage de Sainte-Beuve, qui en était, « des camarades du maître, des médecins depuis célèbres, une élite studieuse des salons, plusieurs représentants de la jeune et future pairie »; il y avait, avec Sainte-

Beuve, Damiron, Duchâtel, Vitet. Ce que Jouffroy avait en vue dans ses cours privés, qui ont eu lieu de 1822 à 1828, il nous l'a appris lui-même : c'était « le perfectionnement de ses idées », et pour cela une revue des sciences dites philosophiques. Durant ces six années, « il donna successivement pour objet à son enseignement — nous dit-il — chacune des principales sciences dont se compose la philosophie ; de la sorte la psychologie, la morale, la logique, le droit naturel et politique, l'esthétique, la philosophie de l'histoire, la religion naturelle repassèrent en détail sous les yeux de son esprit, qui put les approfondir à loisir et y trouver la confirmation ou le démenti certain des résultats auxquels une première revue de ces mêmes sciences (de 1816 à 1820) l'avait conduit ». Il déclare que « ces résultats furent tous confirmés, en même temps que déterminés avec plus de précision ». Il est donc satisfait. C'est le moment où il devient maître de sa pensée, du moins dans les sciences particulières, et il nous dit qu'à ces résultats de ses réflexions il crut alors « pouvoir se fier sans autre réserve que celle qu'impose à tout esprit le sentiment de sa faillibilité et des bornes de l'intelligence humaine [1] ».

De ces travaux il nous reste quelques articles parus dans le *Globe* et tout un cours, le *Cours d'Esthétique*[2].

Les articles parus dans le *Globe* ou dans l'*Encyclopédie moderne* sont écrits avec un soin extrême : ce n'est plus la parole, avec ses jets spontanés, son abandon, ses détours, ses reprises. Il y a une tenue correcte, une

1. Voir à la page 137 des *Nouveaux Mélanges philosophiques*.
2. La *Préface* de la traduction des œuvres de Dugald-Stewart est de cette même époque. Elle a paru en 1826.

fermeté voulue, et, s'il y a de la lenteur dans le développement, la phrase veut être vigoureuse et parfois saillante.

Le morceau sur le *Sommeil*, ingénieux, pénétrant, est demeuré, avec raison, un des modèles de cette psychologie qui s'abstient trop de toute information auxiliaire, mais qui, dans son domaine propre, fait d'heureuses trouvailles. Le morceau sur les *Facultés de l'âme humaine* a plus de portée, mais prête davantage à la critique. Tâcher de déterminer avec précision ce qui est proprement effort personnel, c'est excellent. Le faire avec plus de clarté que Maine de Biran, dût-on avoir moins de profondeur, c'est bon encore. Mais nulle part les défauts de Jouffroy ne sont plus sensibles que dans ces pages si soignées. C'est la méthode qui pèche. Il s'enferme de parti pris dans l'abstrait et dans le général, bien qu'il parle sans cesse de faits. Jamais le fait n'est ceci ou cela pris tel quel dans la vie réelle et courante. Le détail vif qui serait précis s'évanouit. La matière réelle de la chose donnée disparaît, il ne reste qu'une forme dépouillée de tout ce qui particularise, de toute couleur, de tout mouvement. La précision cherchée avec acharnement, et obtenue avec lenteur, n'est plus qu'une précision verbale. Aussi le langage devient-il étrange et fatigant. Jouffroy, qui sait écrire, en arrive à constater ce qu'il appelle « l'*empire* du *pouvoir* personnel sur nos *capacités* naturelles » et, ce qui est plus bizarre encore, car plus de mots encore y sont accumulés et mêlés, « l'*autorité* du *pouvoir* personnel sur nos *facultés* », laquelle « fait notre *puissance*[1] ». Taine s'est moqué avec raison de cette sorte

[1] Voir *Mélanges philosophiques*, de la page 264 à la page 269.

de galimatias. Il est difficile de pousser plus loin l'abus de l'abstraction et des généralités vagues. Si l'on prend le mot scolastique dans le sens défavorable et qu'on veuille marquer par là la substitution de l'artificiel au réel, il faut dire que c'est ici une scolastique nouvelle de mauvais aloi. Dans un si beau sujet, pas un mot qui rappelle la vie et l'expérience palpitante, frémissante. Leibniz, dans son chapitre sur la *Puissance*, est autrement réel. On y sent, on y voit les difficultés de l'éducation de la volonté par elle-même. Il y a de « petits faits » précis. On tient dans la main et sous le regard ce dont il s'agit. Ici tout est pâle, décharné. Aussi ces pages produisent-elles des effets différents quand on les lit à plusieurs reprises. Une première lecture n'en laisse pas assez voir l'indigence, une seconde l'exagère : c'est une troisième qui remet tout au point. Un appareil quasi-scientifique et la tenue littéraire dissimulent d'abord le manque de réalité; puis l'abus de l'abstraction une fois vu et senti cause de l'irritation et fait tout trouver vide. Il faut une dernière lecture pour reconnaître que, si c'est beaucoup trop abstrait, ce n'est pourtant pas vide. Il y a des choses vues, et bien vues; il y en a même, comme on dirait maintenant, de *vécues*. C'est bien le propre de l'homme que de s'emparer de son propre être, de diriger et de concentrer ses facultés, et de faire avec une nature qui lui est donnée et dans des circonstances qu'il subit une œuvre personnelle. De fines observations sont résumées dans ces assertions et dans ces formules qui semblent avoir peur du détail. Le psychologue a une mauvaise façon de procéder et de s'exprimer, mais c'est un psychologue.

Le *Cours d'Esthétique* en est la preuve. Là, le soin de faire aux choses exposées leur toilette disparaît. Nous avons la recherche dans son allure première, la découverte aussi dans sa première émotion : cette recherche lente, très lente, minutieuse, aborde le détail, le vrai et réel détail ; ce n'est plus un simple dénombrement d'idées, une division avec des subdivisions ; c'est une analyse. Il y a des faits. Ces faits, le psychologue les pose devant son propre esprit et devant ses lecteurs avec une parfaite simplicité de ton. « Soit un homme qui... Soit un tableau... » Cette façon de dire revient sans cesse. On prend son parti des longueurs, des redites. C'est un enseignement d'ailleurs. Ce que nous lisons, c'est la leçon même rédigée par un intelligent élève : M. Delorme avait noté pour lui-même, puis mis en ordre ces notes. La parole du maître est là, sauf ce que le ton, ce que la physionomie y ajoutait de charme pénétrant. Et quand au lieu de la rédaction nous avons un résumé, ou un sommaire fait par Jouffroy lui-même, il suffit d'avoir quelque expérience de l'improvisation très solidement préparée dans l'enseignement, pour savoir combien ces résumés écrits sont faits près de l'auditoire, au sortir d'une leçon et en vue de la leçon prochaine, avec le souci de la clarté et de l'ordre, de la clarté complète, de l'ordre vrai et naturel. C'est là que nous prenons sur le fait Jouffroy étudiant un sujet passionnément, désireux de saisir les nuances réelles des choses, attentif à les rendre. Le *Cours d'Esthétique* contient une psychologie excellente, toute fraîche, qui vient de se révéler au regard de l'observateur diligent et sagace. Sans doute les généralités abondent encore, et c'est encore très souvent abstrait, mais que de découvertes! Elles ont désarmé Taine lui-même.

Les leçons sur la distinction de l'utile et du beau et sur les différents effets de la nouveauté et de l'habitude sont parmi les plus remarquables. La délicatesse de l'observation y est extrême, et, comme l'exposition a cette simplicité, cette sévérité dont nous parlions tout à l'heure, rien ne vient partager l'attention : c'est attachant comme une investigation scientifique; tout est dit comme il faut, avec une justesse exacte. C'est un des meilleurs échantillons de la psychologie de Jouffroy.

On pourrait signaler d'autres recherches menées encore d'une façon très heureuse. Sur l'expression et le symbole, par exemple, il a des vues bonnes à recueillir. Et une pensée d'ordre supérieur se mêle à ses observations :

partout dans le visible, il cherche le reflet, la trace, l'effet de l'invisible ; et c'est l'invisible qui lui paraît le fond réel ou la force vive animant et soutenant tout. Ce n'est qu'entrevu, ce n'est qu'esquissé, mais l'idée est à noter ; elle reviendra ailleurs, ce qui prouve qu'elle était chère à Jouffroy : il lui arrivera de dire, dans sa leçon sur le *Problème de la destinée humaine*, que le caillou même n'est point sans vie. Il incline à animer toute la nature à la façon de Leibniz et à dire, dans le même sens que lui : « Tout est plein de vie. » Les vues théoriques qui terminent le *Cours de Droit naturel* reproduisent encore la même idée ou le même soupçon. Nulle part la théorie n'est faite. C'est une de ces pensées profondes qui demeurent secrètes, mais qui n'en exercent pas moins leur influence dans l'esprit. N'a-t-elle pas d'ailleurs quelque affinité avec une des affirmations les plus importantes de la psychologie de Jouffroy, je veux dire avec l'affirmation que l'âme est cause, cause se saisissant elle-même dans son opération? Mais n'anticipons pas.

Une autre pensée, d'une tout autre sorte, est bien souvent présente dans le *Cours d'Esthétique* et y atteste la persistance des grandes préoccupations au milieu des recherches particulières où Jouffroy réussit et se plaît. Il parle volontiers de ce que la réflexion apporte avec elle de tristesse et de mélancolie. Ces mots reviennent souvent sur ses lèvres. L'étrange lassitude que peut produire la contemplation même de beaux objets est étudiée, analysée, expliquée, avec insistance, comme avec passion, par un homme qui connaît bien sans doute ce qu'il décrit. L'action et le devoir réclament l'homme : il ne peut s'attarder aux spectacles de la nature et de l'art. Et Jouffroy ne le dit pas, comme l'a dit Malebranche : « Rien ne peut remplir une âme faite pour l'infini. » Il ne dit pas, comme saint Augustin : « *Irrequietum est cor nostrum donec requiescat in te, Deus.* Notre cœur est inquiet, il erre sans repos, jusqu'à ce qu'il se repose en vous, ô Dieu! » Mais il entrevoit du moins que là est la cause de la satiété dont il s'étonne, du dégoût que peut amener le commerce prolongé des plus grandes et des plus certaines beautés.

N'est-ce point Taine qui remarque que le dernier mot presque du *Cours d'Esthétique*, c'est le mot tristesse, ou plutôt, ce qui est beaucoup plus significatif, ces deux mots remarquablement joints « les idées tristes »? Jouffroy sourit à la beauté, mais il ne peut se dilater ni s'épanouir pleinement.

Le beau n'est pas dans ce monde, dit-il ; nous le voyons rarement ; et quand nous en apercevons l'image, il ne nous rappelle pas les caractères de notre vie. Le sublime est au contraire l'image de notre condition... Nous sommes tous profondément affectés par les objets sublimes, et à la vue d'un arbre sur la montagne, battu par les vents, nous ne pouvons pas rester insensibles ; ce spectacle nous rappelle l'homme, les douleurs de sa condition, *une foule d'idées tristes*. Les idées de notre vie actuelle nous sont plus familières que les idées d'une vie plus parfaite, et le beau est en conséquence moins senti que le sublime. Un objet purement beau ne cause pas de sensations très vives à la plupart des hommes. Il y a quelques âmes seulement qui sentent délicieusement le beau, tandis que tout le monde sent le sublime[1].

Le souvenir de ses chères montagnes et des grands spectacles qu'elles lui offraient, le souci secret des problèmes formidables soulevés

---

1. *Cours d'Esthétique*, 40e leçon, p. 322.

par la réflexion, voilà ce qui persiste au fond de son imagination et de son âme. Les plus curieuses études, celles par exemple qui remplissent le *Cours d'Esthétique*, ne l'occupent jamais tout entier. Que maintenant, pour bien saisir ce que de pareilles leçons devaient avoir d'intérêt et quel effet elles devaient produire, on se rappelle dans quel lieu elles étaient faites, à quel auditoire elles s'adressaient, et quel ton était celui du professeur, quelle physionomie il avait ; tout se réunissait pour rendre l'impression frappante et durable. Sainte-Beuve, qui a vu et entendu, écrit en 1833 :

« Quand les quinze ou vingt auditeurs s'étaient rassemblés lentement, que la clef avait été retirée de la porte extérieure, et que les derniers coups de sonnette avaient cessé, le professeur, debout, appuyé à la cheminée, commençait presque à voix basse, et après un long silence. La figure, la personne même de M. Jouffroy est une de celles qui frappent le plus au premier aspect, par je ne sais quoi de mélancolique, de réservé, qui fait naître l'idée involontaire d'un mystérieux et noble inconnu. Il commençait donc à parler; il parlait du Beau, ou du Bien moral, ou de l'immortalité de l'âme ; ces jours-là, son teint plus affaibli, sa joue légèrement creusée, le bleu plus profond de son regard, ajoutaient dans les esprits aux réminiscences idéales du *Phédon*. Son accent, après la première moitié assez monotone, s'élevait et s'animait ; l'espace entre ses paroles diminuait ou se remplissait de rayons. Son éloquence déployée prolongeait l'heure et ne pouvait se résoudre à finir. Le jour qui baissait agrandissait la scène ; on ne sortait que croyant et pénétré, et en se félicitant des germes reçus. Depuis qu'il professe en public, M. Jouffroy a justifié ce qu'on attendait de lui ; mais pour ceux qui l'ont entendu dans l'enseignement privé, rien n'a rendu, ni ne rendra le charme et l'ascendant d'alors[1]. »

1. Sainte-Beuve, *Portraits littéraires*, t. I, p. 314.

Telle était l'influence que prenait Jouffroy sur cette élite d'initiés réunis chaque semaine dans sa chambre. Le *Cours d'Esthétique* nous donne la mesure de sa diligence psychologique et des heureux résultats de ses recherches spéciales. Certaines leçons devenues des articles du *Globe* nous font deviner l'étendue et la variété de ses aperçus, et le feu discrètement contenu qui l'animait, et le sentiment d'une mission à remplir dans le monde, et la vision, l'espérance, la préparation commencée d'une inévitable et heureuse révolution à laquelle cette jeunesse sera fière de coopérer, certaine que ce sera le règne de la raison et l'empire légitime de la vérité qui ce jour-là prévaudront.

En attendant, Jouffroy constate lui-même avec satisfaction que sa révolution à lui, si l'on peut ainsi parler, est presque parvenue au terme. Dans cette série de cours dont je viens de donner une idée, il avait vu « s'achever, c'est ainsi qu'il s'exprime lui-même, la longue entreprise qu'il avait formée ».

Et quand vinrent pour le professeur des jours plus heureux, le philosophe était orienté dans sa science ; et l'homme dont la foi avait été ébranlée voyait clairement la route à suivre pour *retrouver la solution perdue du problème* ; et, tout en cherchant cette route, il avait déjà rencontré bien des convictions qui lui avaient rendu *sinon tout son premier bonheur*, du moins le calme de l'esprit et le repos du cœur[1].

---

[1]. De l'organisation des sciences philosophiques, II° partie. *Nouveaux Mélanges philosophiques*, p. 137.

V

DE 1828 A 1830

L'APPROCHE DE L'AVÈNEMENT ET L'AVÈNEMENT.

Le ministère de M. de Martignac rend la parole à Villemain, à Guizot, à Cousin. Ils reparaissent en Sorbonne, et, pour ne parler que de Cousin, son cours de 1828 est resté fameux. Jouffroy, à cette même date, retrouve aussi une chaire, et c'est à la Sorbonne qu'une suppléance l'appelle à côté des trois illustres professeurs. Nous n'avons pas son cours de 1828 à lui; mais la première leçon, qu'il a publiée dans les *Mélanges philosophiques* en 1833, nous permet d'en saisir l'esprit.

L'auteur de l'article *Comment les dogmes finissent* ou du moins du morceau sur *l'état actuel de l'humanité*, montant enfin dans une grande chaire, va-t-il éclater ? Et, tout en observant toutes les convenances que sa situation lui impose, va-t-il lancer une sorte de manifeste, discrètement hardi, rendre des oracles d'une obscure clarté, ou procéder par allusions piquantes, et enfin travailler à cette rénovation, à cette révolution sage et nécessaire que, dans la solitude, il entrevoyait, que, dans ses cours privés, il appelait parfois de ses vœux et préparait ? Non, il n'y a rien de semblable dans la leçon d'ouverture, et sans doute le cours lui-même n'amena aucune déclaration importante : la façon dont il était conçu n'y prêtait pas, et, si les circonstances en eussent fait éclore quelqu'une, les *Mélanges* l'eussent recueillie. Est-ce donc timidité de la part du professeur? Timidité de cœur et de caractère, je ne le crois en aucune façon ; mais timidité d'esprit, si par là on entend qu'il ne se sent pas prêt, et qu'il a des autres et de soi-même, et aussi des vérités et des choses subsistantes, un respect qui le garde des aventures. Il a pu dans un article exhaler ses colères et dévoiler ses espérances. Il a pu, dans une demi-intimité, exciter l'indignation ou animer le courage d'une élite Dans une chaire publique, en pleine Sorbonne, alors que le voilà contribuant pour sa part au gouvernement des esprits, il hésite à présenter sur les questions importantes des idées qui ne sont pas mûres. Son enseignement ne travaillera que d'une manière bien indirecte à la rénovation souhaitée de la société.

La question religieuse est encore pour lui la principale. Mais il ne croit pas le moment venu de dire son mot. Il commence à juger le christianisme avec plus de calme. Il ne redirait pas ce qu'il a écrit en 1823 et publié en 1825. Il pourrait produire sur le nouveau théâtre où il se trouve les idées émises en 1826 et 1827. Mais que ce serait brûlant! Il ne veut pas flatter le pouvoir qui vient de lui ouvrir la Sorbonne, et parler avec faveur du christianisme aurait cette apparence. Il ne veut pas susciter une guerre qu'il n'est pas en état de soutenir, et ce serait la déchaîner que de laisser voir que pour lui la philosophie est désormais l'héritière de la religion dans le système de la civilisation chrétienne. Il se tait. C'est le signe que les illusions sont bien tombées. L'œuvre n'est pas si facile que de loin il le pouvait sembler. Il ne faut pas y mettre la main prématurément. N'y a-t-il pas un peu de découragement dans une si prudente retenue? Écoutons le début de la première leçon.

Messieurs, ce n'est pas sans une vive émotion que je me trouve dans cette enceinte, en présence de ce vaste auditoire auquel ni mes yeux ni ma parole ne sont accoutumés. Je crains de vous paraître bien peu digne et de la tâche difficile que la destination de cette enceinte m'impose, et de la confiance du savant et vénérable professeur [1] qui m'a chargé de le remplacer auprès de vous. Mais ce que je redoute le plus, ce sont vos habitudes. Trois hommes dont je m'honore de *partager les principes et les intentions*, et que je puis avec une égale vérité appeler mes maîtres et mes amis, vous ont accoutumés à une supériorité que vous pourriez être tentés d'imposer comme une obligation à celui qui vient s'asseoir à leur place [2]. Épargnez-moi, Messieurs, je vous en conjure, une comparaison si périlleuse; prenez-moi pour ce que je suis, pour un homme qui, après avoir

1. Milon.
2. C'est-à-dire dans la même chaire.

consumé sa vie à l'étude de la philosophie, vient vous entretenir de ce qu'il croit savoir, et qui s'estimera heureux s'il peut le faire avec quelque clarté. La clarté, Messieurs, et l'amour de la science, voilà tout ce que je puis vous promettre et tout ce que vous trouverez dans ces leçons. Si de loin en loin vous rencontrez autre chose, remerciez-en la fortune, et non pas moi [1].

C'est parfait, parfait de tact et de bon goût. On ne pouvait mieux dire ce qui était à dire. C'est modeste, et c'est fier, c'est noble. Mais où est le prophète ?

Deux ans après on est en 1830 : la révolution prédite, espérée, que c'était un devoir de préparer au moins dans la sphère des idées, est un fait accompli. Ceux dont Jouffroy partage les principes et les intentions sont au pouvoir, ou tout près d'y être. Le

---

1. Ouverture du cours d'Histoire de la Philosophie Ancienne à la Faculté des Lettres, en 1828. *Nouveaux Mélanges philosophiques*, p. 259.

vieux dogme a reçu un coup qui semble mortel. L'avènement du nouveau est proche, il est presque sur le trône avec un gouvernement « qui ne se confesse pas ». La raison sans doute va avoir raison. Jouffroy ouvre son cours quatre mois à peine après les journées de juillet. Il n'est plus suppléant : il est professeur-adjoint à la chaire d'histoire de la philosophie moderne. Quel sujet va-t-il choisir, et, dans la première leçon, quelles paroles vont sortir de sa bouche ?

Il parlera du problème de la destinée humaine, et il dit pourquoi avec une gravité sincère et émue qui impose tout d'abord le respect. La leçon a été sténographiée. Nous l'avons donc elle-même, dans son intégrité, et avec l'accent vrai. Je ne connais pas de leçon de philosophie plus recueillie et plus recueillante que celle-là. Comme elle est peut-être ce que l'on connaît le mieux de Jouffroy, je n'ai pas à multiplier les citations ; mais je voudrais bien montrer ce qu'elle a de vraiment original et quelle ouverture elle nous fournit sur l'état d'âme de Jouffroy à cette date solennelle.

Il renonce dans ce cours à ses recherches sévères. Pourquoi ?

Si j'ai choisi pour sujet de ces leçons, dit-il, le problème moral, c'est qu'il m'a paru que, dans un moment où s'agitent au sein de cette grande ville et de cette grande nation les destinées de l'humanité, il était convenable, il était important de traiter dans cette Faculté le problème de la destinée de l'homme[1].

Ainsi, dès les premiers mots, par la seule indication des « motifs graves » qui l'ont déterminé dans le choix de son sujet, il fait allu-

---

1. Du problème de la destinée humaine. *Mélanges philosophiques*, p. 298.

sion aux événements récents, actuels. Que dis-je ? il entre en plein dans le présent, il ne se dérobe en aucune manière au devoir d'y exercer une influence. Que sera-t-elle ? Très haute, très éloignée des passions et des intérêts du jour. Aucune satisfaction ne sera donnée ici à l'esprit sectaire ni à aucun appétit malsain, quel qu'il soit. Rien ne sentira le triomphe. On dirait plutôt qu'une certaine crainte transpire, celle que les vainqueurs abusent de la victoire et méconnaissent le sens juste et la vraie portée de cette révolution. Il peut y avoir, dans l'ordre des idées comme ailleurs, des satisfaits et, si l'on ose dire, des repus que l'avènement de leurs rêves grise, surtout quand ils trouvent du même coup dans le nouvel ordre de choses, avec le pouvoir, avec des honneurs, avec des places lucratives, l'avènement de leurs appétits. Jouffroy n'est à aucun degré de ceux-là.

Le voilà donc qui, devant cet auditoire frémissant, médite sur la révolution accomplie.

C'est le privilège des peuples qui marchaient à la tête de la civilisation, que rien de grand ne puisse se passer dans leur sein, qui n'influe sur les destinées de l'espèce elle-même [1].

Et reprenant les idées de son article de 1827 sur *l'état actuel de l'humanité*, il cherche à montrer brièvement, fortement, le sens de cette révolution qui s'est accomplie « chez nous », mais « non pour nous seuls ». Contemplant « la portée immense, l'influence extraordinaire, que la Providence a momentanément attribuée aux actions d'un seul

---

1. Du problème de la destinée humaine. *Mélanges philosophiques*, p. 298.

peuple », il s'effraie presque, et l'on pourrait dire que ce début de sa leçon est un discours sur la responsabilité de la nation française après la révolution de 1830. Il lui semble qu'il n'y a pas de moment plus propice pour demander à la science de l'homme le sens de l'histoire de l'humanité, que « celui où l'une de ses plus mémorables pages s'écrit sous nos yeux ». Car « rien ne donne le sentiment de la destinée humaine comme ces temps de crise où elle fait un grand pas ». Il appelle cela « des intervalles de lucidité que le philosophe ne doit pas laisser échapper. D'une part, il en doit profiter pour la science, et, d'autre part, répondant à l'appel de l'époque, éclairer du flambeau de la science les intelligences fortement éveillées, et d'autant plus avides de comprendre qu'elles se sentent plus près de la lumière. »

Telles sont les raisons pour lesquelles Jouffroy, en 1830, aborde le problème de la destinée humaine, telles sont les dispositions qu'il apporte à cette étude.

Et, une fois l'objet du cours ainsi annoncé, la première leçon se développe, toujours grave, toujours émue : si l'on osait, on dirait que je ne sais quelle anxiété sereine y règne d'un bout à l'autre. C'est sa propre histoire qu'il raconte sans jamais se remettre en scène, sa propre histoire où il croit lire celle de son temps et celle de l'esprit humain lui-même. Comment la question de la destinée humaine, qui se pose pour tout homme, a pour les âmes sérieuses un intérêt incomparable; quelles sont les circonstances en quelque sorte privilégiées qui la provoquent plus sûrement et la rendent plus présente et plus pressante; comment il faut, selon Jouffroy, traverser le doute pour penser vraiment et sortir de l'innocence pour faire acte de raison ; combien cette crise est douloureuse en même temps qu'inévitable et définitivement salutaire ; et qu'enfin la science, où l'homme dont la raison est mûre doit trouver la lumière et le repos, n'est pas faite encore, mais qu'elle se prépare, qu'au siècle présent il est réservé de la faire, et que 1830 en avancera l'accomplissement, si l'on sait comprendre le sens de cette révolution et la mettre à profit : voilà toute cette leçon, où l'expérience intime toute vive et toujours voilée inspire, soutient, anime, passionne un enseignement solennel adressé à toute une nation et à tout un siècle. Les idées chères à Jouffroy, celles qu'il nourrit par une méditation assidue depuis des années, toutes ses vues familières se pressent dans le court espace de cette leçon si serrée, si pleine. Les images qu'il aime se présentent d'elles-mêmes : le « pâtre » revient plusieurs fois, il personnifie le méditatif que la seule nature instruit, philosophe sans le vouloir, sans le savoir, que l'énigme de l'univers et de la vie tourmente. La tristesse née de la réflexion est exprimée presque à chaque page, et du retour mélancolique sur soi-même il est parlé je ne sais combien de fois. Sans cesse Jouffroy célèbre et déplore presque ce qu'il nomme enfin « le noble mais triste privilége des hautes pensées ». C'est comme un hymne douloureux et fier à la raison, et à la Providence qui a voulu qu'il fût si dur d'être raisonnable.

Cette question est comme le flambeau dans la fable de Psyché : avant cette formidable révélation, l'homme obéissait à ses instincts, et, sans prévision, sans inquiétude, arrivait ou n'arrivait pas au but où ils le poussaient ; quand il l'atteignait, il était heureux ; quand il ne l'atteignait pas, il souffrait ; mais ces malheurs passagers, bientôt effacés par l'apparition de passions nouvelles, ne ressemblaient en rien à cette tristesse profonde, à cette incurable mélancolie, qui s'empare de celui qui a conçu la question de la destinée humaine et entrevu les ténèbres qui l'enveloppent ; alors une nouvelle corde est ébranlée au fond de l'âme, et toutes les distractions du monde n'empêchent pas que cette corde ne soit là et que le moindre événement ne la fasse vibrer[1].

Alors trois sentiments endormis jusque-là s'éveillent dans les profondeurs de l'âme humaine, « trois sentiments qui ne peuvent éclore qu'à la chaleur de cette *triste* lumière » : le sentiment poétique, le sentiment religieux, et le sentiment philosophique.

Pour Jouffroy, la poésie est toute dans la

---

1. Du problème de la destinée humaine. *Mélanges philosophiques*, p. 320.

poésie lyrique, et la poésie lyrique toute dans Byron et Lamartine. Il est poète comme eux, ou du moins il sait comprendre leurs « sourds accents, traduction sublime d'une plainte éternelle » : cela est donné aux « âmes mûres, en qui les mystères de la vie et de la mort, les destinées de l'homme et de l'humanité, ont développé le véritable sentiment poétique ».

Et l'homme religieux, quel est-il ? Selon Jouffroy, c'est, non pas celui qui a une religion, mais celui qui a besoin de ce que la religion donne, qui le conçoit, qui y aspire, qui en connaît le prix, donc celui à qui les mystères de sa destinée apparaissent et que saisit le tourment de les connaître : « toutes les puissances de son âme alarmée demandent, invoquent la lumière, comme les lèvres du voyageur altéré appellent la source du désert ».

N'avais-je pas raison de dire que c'est d'après lui-même que Jouffroy parle, que c'est lui-même que, sans se nommer, il raconte?

Que sera le philosophe ? Celui pour qui la philosophie sera ce qu'elle a été, ce qu'elle est pour Jouffroy : « une réponse aux questions qui intéressent l'humanité ». Et ici Jouffroy sort un peu de sa réserve : un instant, mais un instant seulement, il se trahit, et encore d'une façon discrète. C'est la marche suivie dans son cours qu'il semble expliquer seule, et ce sont les raisons de philosopher que d'une manière générale, impersonnelle, il expose : avec quelle émotion, on en va juger.

Depuis deux ans, Messieurs, nous cherchons ensemble quelle est la nature de l'homme. Pourquoi cette étude ? pourquoi cette recherche ? Pensez-vous que ce fût de ma part ou de la vôtre pure curiosité de connaître ce que nous sommes? Ah! sans doute la connaissance de l'homme est en elle-même une noble conquête et qui mérite bien d'être poursuivie; mais l'ambition de la faire n'est point la philosophie. La philosophie, c'est la recherche d'une solution à ces problèmes formidables qui tourmentent l'âme humaine; le sentiment philosophique, c'est le besoin de poursuivre ces solutions avec le flambeau de la raison et de la science; et si la philosophie s'occupe de la nature de l'homme, c'est parce que la connaissance de l'homme est le seul chemin qui puisse mener à ces solutions. Ce n'était pas en étudiant l'homme, mais en l'étudiant dans cette vue, que nous étions philosophes; c'est parce que le botaniste, le naturaliste, le géologue, l'historien, peuvent procéder à leurs recherches dans la préoccupation de ce but, qu'ils peuvent être philosophes; autrement et le psychologue et eux ne sont que des savants. Il en est donc de la philosophie comme de la poésie, comme de la religion : sa nature, son but, son prix, ne se révèlent au cœur de l'homme, et j'ai raison de dire au cœur, que quand il a senti peser sur lui le problème de sa destinée, et que le tourment du doute est venu le saisir au sein de sa primitive insouciance. La philosophie est une affaire d'âme comme la poésie et la religion ; si on n'y met que son esprit, il est possible qu'on devienne philosophe un jour, il est démontré qu'on ne l'est pas encore. La poésie, la religion, la philosophie, sont les trois manifestations d'un même sentiment, qui se satisfait ici par de laborieuses recherches, là par une foi vive, plus loin par des plaintes harmonieuses ; et c'est ce qui fait que les âmes poétiques, religieuses, philosophiques, sont sœurs ; et c'est ce qui fait qu'elles s'entendent si bien, alors même qu'elles parlent des langues si différentes ; et c'est ce qui fait qu'elles échappent également aux âmes innocentes, qui ne connaissent point, qui ne comprennent point encore la tempête qui les agite[1].

Encore une fois, c'est lui-même qui se peint dans ces pages : c'est lui qui fait dater de la

---

1. Du problème de la destinée humaine. *Mélanges philosophiques*, pp. 322-323.

perte de ce qu'il nomme innocence l'âge d'homme, dans l'ordre de la raison ; c'est le souvenir de la crise de 1814 qui lui fait supposer que toujours le doute est le prix auquel s'achète la virilité ; c'est lui qui réduit toute poésie à la traduction de la plainte éternelle ; c'est lui qui ne voit dans la religion qu'une foi vive, c'est-à-dire, au sens où il prend les choses, un mélange d'abandon aveugle à l'autorité et de chaleur de sentiment ; c'est pour lui que la philosophie est un substitut de la religion ; et, ainsi, dans cette page, vérités et erreurs, si étroitement mêlées, viennent de son expérience à lui : tout y est lui, et c'est pour cela qu'on ne peut la relire sans une profonde émotion.

Cette philosophie, à laquelle la poursuite du problème moral le conduit, semble s'occuper de beaucoup d'autres choses : reprenant ici en quelques mots l'idée que nous lui avons vu chercher laborieusement dans ses études d'autrefois, il montre que les questions particulières ne forment avec la question philosophique par excellence qu'un seul et grand problème.

Toutes ces divisions, dit-il, après avoir énuméré la morale, la cosmologie, le droit naturel, etc..., sont bonnes à ce titre qu'il faut bien analyser un sujet pour l'étudier ; mais ne croyez pas que ces lignes, menées à travers le sujet de la philosophie, en détruisent la radicale unité. Les questions sont distinctes, mais inséparables ; elles se tiennent par le pied, elles ne sont que des rameaux d'une même souche ; qui en conçoit une, est obligé d'aller à toutes ; qui veut en résoudre une, est forcé de les résoudre toutes ; elles s'appellent, elles s'impliquent, elles se présupposent ; elles ne font qu'un dans l'esprit humain[1].

1. Du problème de la destinée humaine. *Mélanges philosophiques*, p. 324.

Pour exemple, Jouffroy prend le gouvernement. C'est naturel, il parle en 1830 ; et d'ailleurs c'est encore une des pensées qu'il a méditées dans la retraite, nous l'avons vu. Mais si l'on s'attendait à le voir insister ici à cause de la date de ce discours, on serait bien trompé : deux lignes, et c'est tout. Une autre question le préoccupe, le sollicite, et c'est à la poser, avec une entière franchise, et toujours avec une solennelle gravité, que toute la fin de cette leçon est consacrée.

Que faut-il penser, que faut-il faire, à l'heure actuelle, en présence du christianisme ? Tout est là pour Jouffroy, et c'est en répondant à cette question qu'il dira le sens de la révolution qui vient de s'accomplir. Il va donc tenir la promesse faite au début de cette leçon : il va nous dire comment il faut comprendre l'événement salué de si grand cœur, dont il importe de savoir tirer parti, qu'il serait si dangereux de méconnaître, de négliger, de fausser.

Et ainsi il s'agit de savoir comment une époque où la philosophie va enfin gouverner les esprits, et indirectement les affaires et les événements, se comportera à l'égard de la religion chrétienne. Toutes les idées de Jouffroy sur ce sujet, toutes celles dont nous avons déjà trouvé l'expression ou l'indication dans ses articles, dans ses cours, se retrouvent ici, mais comme modérées par le seul fait que le philosophe se croit au pouvoir : il atténue, il tempère, il assagit. Sa pensée profonde, c'est que le christianisme va céder la place à la philosophie; mais la philosophie n'est pas prête. Le moment de régner venu, sentir, savoir même qu'on n'est pas prêt, gâte pour une âme honnête et sérieuse la joie de la victoire. Que faire donc? Retenir, s'il se peut, le christianisme, qui, ce semble, s'en va; le retenir parce que l'on a besoin de ses services; tâcher qu'il fasse l'intérim. Théoriquement, il est fini, et toute religion est finie. Pratiquement, sa tâche n'est pas finie : il lui reste beaucoup à faire. La conquête du monde lui est réservée. Pour achever cette conquête, il faut qu'il dure, et longtemps. Il sera la dernière des religions. Après lui, qu'y aura-t-il donc? La philosophie.

C'est l'idée tant de fois exprimée par Cousin, que la religion chrétienne est la nourrice et l'institutrice du genre humain, que l'humanité est bien entre les bras du christianisme, et que, si une élite peut s'en passer, le peuple en a besoin et sans doute en aura besoin toujours. Mais ce que Cousin disait avec une sorte d'arrogance, Jouffroy le dit ici avec je ne sais quelle tristesse, et comme en s'excusant. Le problème est vraiment douloureux pour lui. Aussi le voyons-nous énumérer avec complaisance les avantages de la doctrine chrétienne, si sûre, si bien liée. Déjà dans l'opuscule sur *l'état actuel de l'humanité*, il avait nommé le catéchisme, mais en passant, pour dire qu'il proteste avec le bon sens contre l'oubli des questions vitales. Ici il insiste, et il est touché, sincèrement, profondément touché, de la grandeur de ce petit livre.

Voulez-vous un exemple de la portée et de l'étendue d'une grande religion? considérez la religion chrétienne. Il y a un petit livre qu'on fait apprendre aux enfants, et sur lequel on les interroge à l'église. Lisez ce petit livre, qui est le catéchisme : vous y trouverez une solution de toutes les questions que j'ai posées, de toutes, sans exception. Demandez au chrétien d'où vient l'espèce humaine, il le sait; où elle va, il le sait ; comment elle va, il le sait. Demandez à ce pauvre enfant, qui de sa vie n'y a songé, pourquoi il est ici-bas, et ce qu'il deviendra après sa mort : il vous fera une réponse sublime, qu'il ne comprendra pas, mais qui n'en est pas moins admirable. Demandez-lui comment le monde a été créé et à quelle fin; pourquoi Dieu y a mis des animaux, des plantes ; comment la terre a été peuplée ; si c'est par une seule famille ou plusieurs; pourquoi les hommes parlent plusieurs langues ; pourquoi ils souffrent, pourquoi ils se battent, et comment tout cela finira : il le sait. Origine du monde, origine de l'espèce, question des races, destinée de l'homme en cette vie et en l'autre, rapports de l'homme avec Dieu, devoirs de l'homme envers ses semblables, droits de l'homme sur la création, il n'ignore rien; et, quand il sera grand, il n'hésitera pas davantage sur le droit naturel, sur le droit politique, sur le droit des gens : car tout cela sort, tout cela découle avec clarté et comme de soi-même du christianisme[1].

[1]. Du problème de la destinée humaine. *Mélanges philosophiques*, p. 329.

Pourquoi faut-il qu'après cette belle page où le seul tort de Jouffroy est de donner à penser, sans le dire, et sans en avoir conscience d'ailleurs, je crois, que pour le chrétien cette réponse donnée à toutes les questions qui intéressent l'humanité supprime le travail pour l'approfondir, et la science, la science humaine, pour y apporter commentaires et compléments, pourquoi faut-il, dis-je, qu'après cette belle page, l'alinéa ne s'achève point sans que, comme preuve que les systèmes des grands philosophes ont la même étendue, Épicure soit cité ? Quelle pauvreté ! Mais enfin l'hommage est rendu, et magnifiquement, au christianisme.

La joie même de penser soi-même s'exprime dans ce discours plus modestement que dans les écrits antérieurs de Jouffroy ou que dans le *Mémoire sur l'Organisation des sciences philosophiques*, où sont racontés ses premiers pas.

L'auteur d'un système philosophique, dit-il ici, ayant cherché ce système, ne saurait se faire illusion sur son origine: la recherche qu'il a faite, il a voulu la faire; les moyens qu'il a employés, il a voulu les employer; ce qu'il l'a trouvé est donc le produit incontestable de ses laborieuses méditations; il ne peut donc y croire que parce qu'il y voit la vérité; il ne peut donc vouloir qu'on y croie qu'à ce même titre. Et, comme les résultats qu'il a trouvés, il les a trouvés avec sa raison seule, leur forme doit être la forme rationnelle, c'est-à-dire l'expression simple et exacte de la vérité[1].

Ce à quoi Jouffroy en veut venir en parlant ainsi, c'est que l'âge théologique, comme dit Auguste Comte, est passé. Mais, si aucune religion nouvelle ne peut plus naître, est-ce à dire que « le dogme soit fini » ?

---

1. Du problème de la destinée humaine. *Mélanges philosophiques*, p. 334.

Jouffroy insiste sur la comparaison des systèmes philosophiques et des dogmes. La superbe philosophique s'y montre. Il oublie que la faiblesse de l'esprit humain existe ailleurs qu'au sein des « masses », mais enfin, et c'est ici le point capital et palpitant, il ne croit pas « la mission sublime du christianisme finie ». C'est ce que j'indiquais tout à l'heure. Il faut bien comprendre sa pensée. Il y a dans ces pages autre chose que de la prudence à la façon de Cousin, ménageant le christianisme par sagesse politique ; il y a autre chose aussi que de la politesse à l'égard d'une puissance qui a régné. Il y a, je le répète, parce que l'inspection de tous les mots m'en convainc de plus en plus, il y a la prudence de l'homme qui sent que la solution nouvelle n'est pas prête. Il n'y a que cela, mais il y a cela.

« Les lumières de l'humanité la forcent à se détacher d'un dogme reçu pour en créer et en embrasser un autre. »

Voilà qui est net, franc. Pas moyen de se méprendre sur la portée de pareilles paroles. Mais la « solution nouvelle » n'est pas trouvée. Dans l'intervalle, « l'humanité souffre et s'agite... parce que ses idées ne sont pas assises » ; et « ces époques de crise » sont « *révolutionnaires* » ; ce sont même « les seules qui méritent véritablement ce nom ». Jouffroy ajoute : « Une révolution est un pas que fait l'esprit humain dans la recherche de la vérité. » C'est vague, s'il s'agit de dire ce qu'est ce pas ; mais c'est clair, s'il faut seulement entendre sur quel terrain il se fait. Le christianisme perd ; la philosophie, ou, comme on dirait aujourd'hui, la « libre pensée » gagne. Et « condamner les révolutions, c'est condamner la nature humaine, et, avec elle, Dieu qui l'a créée perfectible ; combattre les révolutions, c'est combattre la nature des choses et les lois de la Providence dont elle est l'expression ».

Nous touchons au terme, et Jouffroy dit nettement que la guerre entre la raison humaine et le christianisme ou, comme il dit, la « solution qui gouverne depuis dix-huit cents ans cette partie du monde », est parvenue à un tel point que ce ne sont pas seulement les « esprits pensants » qui voient « l'imperfection de cette solution », mais que les « masses », à leur tour, doutent et s'agitent. Or, si le mouvement du xviiie siècle a été de « détruire », celui du xixe lui paraît être de « rétablir ». C'est l'œuvre de la philosophie, quand les populations sont encore « ferventes dans le scepticisme et unies dans la haine du passé », de procurer la lumière, la certitude, la justice, la paix. Il faut « chercher franchement, par les procédés rigoureux de la science, une solution rigoureuse aussi, qui puisse soutenir les regards sévères de cette raison aux mains de laquelle la civilisation a fait passer le sceptre de l'autorité ».

Peut-on déclarer plus nettement et saluer plus franchement le règne de la raison humaine ? Peut-on reconnaître aussi avec plus de netteté qu'au moment de cet avènement heureux on n'est pas prêt ?

Je ne suis qu'un ouvrier à la tâche immense que j'ai tracée. Après quinze années d'inquiètes méditations sur l'énigme de la destinée humaine, je suis arrivé à des convictions sur beaucoup de points, à des doutes raisonnés sur les autres : ces convictions et ces doutes, je vous les dirai ; leurs motifs, je vous les exposerai : heureux si ces solutions ébauchées peuvent servir un jour à construire l'édifice, et, en attendant, porter dans vos âmes un peu du calme qu'elles ont répandu dans la mienne[1] !

C'est bien d'être modeste ; mais alors, si l'on n'apporte que cela, ce n'est pas la peine de déclarer le dogme fini, pour ajouter du reste bientôt qu'il a encore de grands services à rendre. Étrange mélange de prétentions superbes et d'humilité défaillante ! On veut régner, on ne se sent pas prêt : cela résume tout. On dit avec une décision brutale : « Quand l'œuvre de l'éducation, qui consiste à rendre capable de connaître la vérité sans figures et de l'accepter sans aucun titre que sa propre évidence, quand cette œuvre est terminée dans un esprit, il faut que le christianisme s'en retire. » Une société donc, et l'humanité une fois parvenue là

---

1. Du problème de la destinée humaine. *Mélanges philosophiques*, p. 342.

tout entière, il faut que le christianisme s'en retire. Mais ce terme n'est pas atteint : le christianisme n'a pas encore achevé l'œuvre qui permet de se passer de lui. Qu'il demeure donc, et pour longtemps encore ! C'est le plus sûr, c'est le meilleur. Ainsi le but poursuivi recule, au moment où il semble qu'on le tienne. Et le découragement est tel que l'on en arrive à déclarer « que la seule chose dont le philosophe puisse être tenté, c'est de se croiser les bras et de regarder s'accomplir des révolutions auxquelles les hommes peuvent si peu ». On regarde la nation, le siècle, emportés par la force fatale des choses, se détacher, s'éloigner du christianisme, comme on s'est vu le faire soi-même ; et l'on prépare lentement, lentement, avec confiance dans les raisons, avec quelque découragement sur l'issue et le terme, la solution nouvelle.

VI

DE 1830 A 1836

L'APOGÉE.

Vers 1833, Jouffroy est à l'apogée de sa philosophie : une sorte d'équilibre s'est établi entre ses aspirations diverses; plus et mieux que jamais il se montre psychologue ; et le voilà assez sûr de lui dans la haute philosophie pour entreprendre de construire un système. Il achève la traduction des œuvres de Reid, il en médite la grande Introduction qu'il publiera en 1836. Comme le dit Sainte-Beuve à cette date de 1833, « le continuateur de Stewart et de Reid... s'est installé à demeure dans la psychologie d'abord conquise, sillonnée, et bientôt laissée derrière par M. Cousin, et il y règne à peu près seul comme un vice-roi émancipé ». En même temps, il entreprend ce *Cours de Droit naturel*, où enfin il va tenter la synthèse rêvée ; il touche à la solution des grands problèmes, il a le dessein de la présenter dans une construction théorique qui sera sa philosophie à lui et, sur beaucoup de points, *la* philosophie de ce siècle et de l'avenir, *la* philosophie définitive.

Ne croyons point pourtant qu'il exulte. Et, de fait, il n'y a pas de quoi se livrer à la joie. Au moment où est proche la réalisation de toutes ses idées, la disproportion entre ce qu'il a voulu et ce qu'il est capable de faire éclate à nos yeux. Ces ouvrages où il y a tant à admirer, la *Préface* de la traduction de Reid et le *Cours de Droit naturel*, ne sont encore à beaucoup d'égards que des préparations. Et Jouffroy le voit : il excelle dans ces démarches préliminaires où il multiplie, selon le mot de Taine, « les précautions passionnées » ; devant l'œuvre même il se sent faible. Je voudrais marquer en quoi ces deux écrits sont précieux, solides, et en quoi et pourquoi ils nous causent une déception.

La *Préface* de Reid reprend et complète celle de Dugald-Stewart. C'est l'achèvement d'un plaidoyer savant, convaincant, ingénieux à la fois et solide, en faveur de la psychologie. Jouffroy veut organiser cette science : il démontre d'abord qu'elle existe, qu'elle a un objet, qu'elle a une méthode ; il la rapproche des sciences naturelles, et il commence à voir en quoi elle en diffère. Il y faut procéder comme dans les sciences du monde physique, par observations sincères et fidèles, par inductions sages; mais il en faut saisir le caractère propre, original : dans la conscience, le *fait* n'est point séparé de sa *cause;* cette cause n'est point seulement *conclue*, elle est *vue*, elle est saisie en son opération même, et la force qui dit *moi* se sent et se connaît, *vis sui conscia*. Aussi la psychologie, analogue aux sciences naturelles, n'est point une de ces sciences : elle a une existence à part, ayant un domaine propre. Nul, parmi les contemporains et les successeurs immédiats de Maine de Biran, n'a plus profondément compris et plus abondamment développé la pensée de celui que Cousin aimait à appeler le maître de tous. Cette pensée, Cousin ne l'a qu'effleurée : il n'a pas dépassé en psychologie pure la méthode baconienne ; il s'est aventuré dans la haute métaphysique, sauf à la réduire plus tard à un sage commentaire du sens commun ; il a toujours distingué entre les faits *perçus* et les causes *conçues*, et il n'a point fait d'exception pour le *moi*. Jouffroy est le vrai continuateur de Maine de Biran, et avec lui et comme lui il a restauré sur ce point la théorie leibnizienne. Et, ce qui est à son honneur, il semble avoir plutôt découvert lui-même qu'emprunté à Maine de Biran cette vue importante. C'est pour cela sans doute qu'il parle si peu de Maine de Biran. Nous savons d'ailleurs, par ses propres déclarations, qu'ayant l'habitude de ne se fier qu'à ses réflexions, lors même qu'il se rencontrait avec d'autres, il ne leur devait guère qu'une excitation : sa pensée aboutissait au même point que la leur, mais n'en était pas moins bien sienne, se formant, se développant par ses voies propres et par un effort personnel.

Il faut compter au nombre des résultats acquis de la psychologie cette assertion, que l'âme se connaît, non par ses modifications, mais par ses actes, ce qui est fort différent, et que par conséquent, dans une certaine mesure, elle se connaît, d'une façon très réelle, en elle-même et par elle-même. C'est, aux yeux de certains philosophes, ce qui gâte la psychologie de Jouffroy : du moment qu'il ne procède plus en naturaliste, il ne procède plus scientifiquement; mais, s'il est vrai que pour procéder scientifiquement il faut savoir d'abord prendre les choses comme elles sont, c'est un mérite que d'avoir saisi le propre caractère des données psychologiques et de l'avoir défini. L'unité profonde qui relie les faits dits de conscience frappe les observaleurs les plus prévenus. En quoi serait-il plus conforme aux vraies exigences scientifiques de ne relier les événements intérieurs que par une loi, que d'admettre aussi une cause efficiente ? La loi a cet avantage de naître pour ainsi dire sous nos yeux et de sembler faite par notre esprit parce que c'est notre labeur qui la découvre : mais, si l'on y regarde de près, n'est-elle donc pas mystérieuse, elle aussi, et peut-on prétendre que tout est clair, accessible pour l'esprit, et entièrement mesurable, si je puis dire, par cet esprit, dans le lien soi-disant purement idéal qui rattache, dans une succession continue et réglée, les événements intérieurs aux événements intérieurs ? Et surtout, qui osera dire que ce seul lien réussisse à rendre compte de tout ? Stuart Mill, avec sa grande probité scientifique, n'a-t-il pas déclaré que la théorie associationniste échouait devant le fait de la mémoire ? Sachons gré à Jouffroy d'avoir soustrait la psychologie aux étroites conditions des sciences naturelles et d'en avoir marqué l'originalité : les faits y sont étudiés comme dans les sciences naturelles, soit, mais dans le *fait* est donné et se saisit et se montre *ce qui fait*.

Il y a donc des résultats positifs obtenus par Jouffroy en psychologie : il y en a dans le détail, grâce à ses observations minutieuses ; il y en a au point initial de la science, si je puis dire, grâce à la vue profonde que je viens de rappeler. Et pourtant, il faut reconnaître que ni les découvertes de détail n'ont été ramassées et réunies en un corps de doctrine, ni la grande vue qui eût pu servir d'idée maîtresse et directrice à une psychologie n'a été présentée de cette manière puissante. On est donc toujours aux préparations. La *Préface* à la traduction de Reid est bien une Préface : elle annonce, elle promet, elle prépare. Et le jugement de Taine est celui que les plus grands admirateurs de Jouffroy sont obligés de répéter :

« Passionné pour la méthode, parce qu'il était passionné pour la vérité, il employa la meilleure partie de ses meilleurs écrits à marquer les préliminaires de la science, à définir son objet, à marquer ses divisions, à indiquer ses conséquences, à reconnaître son instrument, à mesurer sa certitude. Il restait toujours à la porte et semblait ne pas vouloir entrer[1]. »

En d'autres termes, il a montré que la psychologie est utile, et qu'elle est possible, et comment elle devrait s'organiser : il ne l'a pas faite, il n'en a pas fait une partie.

1. Taine, *Les Philosophes classiques du XIXe siècle en France*, ch. x, p. 231.

Le *Cours de Droit naturel* offre le même caractère. C'est encore une introduction. La maladie, je le sais, a empêché de le finir. En 1836, Jouffroy a dû interrompre son cours, parce que sa santé, comme en 1822, et bien plus gravement, était altérée et compromise. Mais pourquoi, durant les années où il se sentait fort, s'était-il attardé dans l'exposition des systèmes, ou contenté de la description des faits moraux? sinon parce que cela lui paraissait le plus sûr et que pour entamer la synthèse et l'œuvre propre il ne se sentait jamais assez prêt? Pourquoi les vues théoriques sont-elles si courtes, comparées à l'histoire qui y achemine? pourquoi ne sont-elles qu'une esquisse, qu'une ébauche, une première indication en attendant plus et mieux? sinon, toujours, parce que la crainte de conclure égale chez lui l'ambition qui l'y pousse?

Aussi, à l'approche du terme, est-on toujours tenté de dire : Ce n'est que cela ! Ce à quoi il arrive après une si longue route et tant de détours paraît trop peu de chose[1].

Il y a des trésors d'observations justes dans la description des faits moraux. Il y a de puissantes réfutations dans la revue des systèmes. Et avec cela, une candeur admirable. Il avoue quelque part qu'il ne comprend pas une

---

1. Cf. Sainte-Beuve : « Il devint clair, à ceux qui avaient espéré mieux, que ce ne serait pas cette génération si pleine de promesses et tant flattée par elle-même, qui arriverait.

« Et non seulement elle n'arrivera pas à ce grand but social qu'elle présageait et qu'elle parut longtemps mériter d'atteindre ; mais on reconnaît même que la plupart, détournés ou découragés depuis lors, ne donneront pas tout ce qu'ils pourraient du moins d'œuvres individuelles et de monuments de leur esprit. On les voit ingénieux, distingués, remarquables ; mais aucun jusqu'ici qui semble devoir sortir de ligne et grandir à distance, comme certains de nos pères, auteurs du premier mouvement :..... soit que... parmi ces natures si diversement douées il n'y ait pas, à proprement parler, un génie supérieur ; soit qu'il y ait dans les circonstances et dans l'*atmosphère* de cette période du siècle quelque chose qui *intercepte* et atténue ce qui, en d'autres temps, eût été du vrai génie. » (*Portraits littéraires*, t. I, p. 293).

théorie de Spinoza. Devant le scepticisme, à tort sans doute et par suite d'un malentendu, mais avec une sincérité dont il lui faut savoir gré, il confesse que selon lui il y a là quelque chose d'irréfutable. Dans les vues théoriques il y a beaucoup à prendre : le rôle de la finalité dans l'univers est étudié, fouillé, si l'on peut dire, d'une manière très remarquable. Mais la théorie puissante se fait toujours attendre. Sur les questions de métaphysique religieuse qui lui tiennent tant au cœur, après l'analyse des faits moraux, après la revue des systèmes, quand « il touche enfin le but », quand il dit : « Nous voici en présence du problème, nous allons le résoudre ! », il retarde encore le plus qu'il peut le moment souhaité et redouté. Et dans l'essai qu'il propose, il ne dépasse guère les limites du sens

1. Voir la 32ᵉ leçon du *Cours de Droit naturel.*

commun, d'un sens commun très réfléchi et très ingénieux, qui se replie sur soi et découvre en soi beaucoup de nuances, sans parler des ressouvenirs de la doctrine chrétienne, réduite d'ailleurs elle-même à la religion naturelle.

De plus en plus se vérifie le soupçon que nous énoncions au commencement de cette étude : Jouffroy, puissant dans les recherches préliminaires et dans les réfutations, n'a point, dans les conclusions et dans la théorie, la même vigueur, et, comme la philosophie est à ses yeux le substitut du christianisme, le christianisme dont la force le gêne, dont le regret le hante, dont les avantages l'attirent, est tour à tour ou tout à la fois pour lui l'ennemi, le modèle, l'auxiliaire : il le craint, il veut l'imiter pour le remplacer, il le cherche. A l'apogée de sa vie philosophique, c'est visible encore. Bientôt, dans les années qui vont venir, la crainte de l'ennemi disparaîtra, l'espoir d'atteindre le modèle ira s'éteignant : en revanche le regret du bien perdu grandira, et, avec ce regret, la respectueuse et confiante sympathie pour l'auxiliaire indispensable qui peu à peu redeviendra presque l'ami. Ce sera le caractère de la période qu'il nous reste à étudier.

VII

DE 1836 A 1842

LES DERNIÈRES ANNÉES.

Jouffroy, après 1830, avait été rappelé à l'École normale, mais en 1832, nommé professeur au Collège de France, il avait donné sa démission de maître de conférences à l'École : la Sorbonne et le Collège de France, c'était assez pour ses forces, ou plutôt c'était trop. Dès 1836, il lui faut passer sept ou huit mois à Pise ; c'est là qu'il écrit sa *Préface* à la traduction de Reid. En 1838, il donne sa démission de professeur au Collège de France. N'ayant plus que la Sorbonne, il y reprend son cours, non sans fatigue. Depuis 1831, il était à la Chambre : il n'y parlait pas souvent ; mais sa présence et ses interventions, si rares qu'elles fussent, ajoutaient à sa fatigue. Il allait s'épuisant. En 1839, il veut lutter contre le mal qui l'accable, il ouvre son cours. Mais bientôt il lui faut l'interrompre, et enfin se taire définitivement. Ses forces le trahissent. Sa pensée est non seulement lucide, mais ardente. Seulement la langueur qui le mine ne lui permet plus les travaux de longue haleine. Si la voix lui manque, la plume lui est à charge. Il a toujours craint le labeur de l'écrivain. Sainte-Beuve ne lui reprochait-il pas, dès 1833, de ne point produire assez ? La plume de Jouffroy courait vite, mais parce qu'il était tout plein de son sujet au moment d'écrire ; et il lui en coûtait de s'y mettre : pour se remplir de ses

idées, les tenir toutes présentes, les disposer,
les agencer, et n'avoir plus qu'à les rendre,
il lui fallait un long labeur, et le moment
venu d'écrire, si c'était pour lui un besoin,
c'était aussi une peine parce que c'était une
fièvre : cette facilité, acquise par la méditation, ne se répandait point sans une dépense
extrême d'activité, et l'attention aux idées,
aux mots, à l'ordre des pensées, le scrupule
de la justesse et de la précision, la forte appli-
cation au sujet, la vue absorbante du terme
poursuivi, tout ce qui enfin donne à croire
que « sa plume jouit de tant d'abondance »,
lui est une raison de redouter d'écrire. Sainte-
Beuve dit finement qu'à « la facilité de parler » il joignait « l'indolence d'écrire ». Comment donc, malade, affaibli, se fût-il consolé
et dédommagé, en écrivant, de n'avoir plus
les forces suffisantes pour parler ?

Aussi, sauf des lettres intimes écrites de Pise, par exemple, trois écrits seulement, après la *Préface* de Reid, appartiennent à cette période qui va de 1836 à 1842.

Le *Mémoire sur la légitimité de la distinction de la Psychologie et de la Physiologie* résume, en les appropriant à une question restreinte, les idées déjà connues de Jouffroy. Ce *Mémoire* procède avec sa finesse, et aussi sa lenteur accoutumées. L'abus de l'abstraction y est visible comme presque partout ailleurs. L'âme y est tellement isolée et comme détachée du corps que l'unité de l'homme réel semble rompue, et, par cet excès, le matérialisme, qui semble réfuté victorieusement, risque de puiser dans le spiritualisme outré de nouvelles forces. La vie physiologique, le corps ne sont pas si étrangers que cela à l'âme. Mais ce qui fait le prix du *Mémoire*, c'est que là, plus nettement, plus résolument que dans les écrits antérieurs, il est affirmé que « la conscience atteint en nous autre chose que les modifications du principe personnel ». Elle atteint « ce principe lui-même ». Et Jouffroy conclut avec décision :

Il faut donc rayer de la psychologie cette proposition consacrée : *L'âme ne nous est connue que par ses actes et ses modifications*[1].

Les deux autres écrits de Jouffroy sont tout à fait de ses dernières années. C'est un *Rapport* à l'Académie des Sciences morales, à la date du 13 juin 1840, et son fameux *Discours* à la distribution des prix du Collège Charlemagne, en août 1840. L'un et l'autre comptent parmi les produits les plus achevés de sa plume, par la force et par l'éclat voilé du style, et l'un et

---

1. De la légitimité de la distinction de la Psychologie et de la Physiologie. *Nouveaux Mélanges philosophiques*, p. 202.

l'autre sont des documents très significatifs qui nous renseignent sur l'état de son esprit.

Le *Rapport* est fait au nom de la section de Morale de l'Académie des Sciences morales et politiques sur le concours relatif aux écoles normales primaires Ce sont les diverses opinions émises au sein de la section que le Rapporteur a la charge de résumer, et le jugement porté par la majorité sinon par l'unanimité des membres qu'il doit annoncer en donnant les raisons qui l'ont motivé; mais, dans ces sortes de Rapports, l'esprit propre de l'écrivain et ses préférences personnelles se laissent voir, ne serait-ce que dans la complaisance qu'il met à développer certaines idées, à faire valoir certains considérants. Jouffroy est bien lui-même dans cet écrit. C'est bien lui qui insiste sur « le pouvoir redoutable » conféré à l'État par la loi du 8 juin 1833,

« la plus importante de toutes les lois rendues depuis la Révolution de Juillet ». On le reconnaît dans ces réflexions graves :

Maître de l'instruction primaire, un gouvernement l'est, en quelque sorte, des idées et des sentiments, des croyances et de la moralité des générations qui s'élèvent et composeront la nation dans un avenir très rapproché[1].

Et tout de suite il ajoute, notons bien ses paroles :

Heureusement, un tel empire est naturellement limité ; sans que la loi s'en mêle, il est balancé par trois influences sur lesquelles l'Etat ne peut rien : celle de la religion, qui appartient au prêtre ; celle de la famille, qui s'exerce par l'exemple ; et celle des mœurs et des idées de la société, qui enveloppe toutes les autres et domine l'Etat lui-même[2].

1. Rapport sur le concours relatif aux écoles normales primaires. *Nouveaux Mélanges philosophiques*, p. 208.
2. *Ibid.*

Mais ce n'est pas assez :

Malgré ce triple contrepoids, ce pouvoir serait encore immense, si l'État le possédait tout entier. C'est ce que n'a pas voulu la loi de 1833[1].

Et il explique qu'en livrant un tel pouvoir à l'État, elle n'a pas consenti pourtant à lui sacrifier deux droits : celui du père de famille, de choisir le maître de ses enfants, et celui de tout citoyen, de créer une école et d'y donner, à sa façon, l'instruction primaire. En un mot, conclut-il, la loi a respecté la liberté d'enseignement. Belles et fortes paroles, vraiment libérales, dans leur éloquente précision. Elles sont précieuses à recueillir, bonnes à méditer. J'aime moins les mots qui suivent où ce salutaire affaiblissement d'un

---

1. Rapport sur le concours relatif aux écoles normales primaires. *Nouveaux Mélanges philosophiques*, p. 209.

pareil pouvoir est attribué en partie aux « défiances » ou aux « timidités de la loi ». Ce qui domine, c'est le sentiment de la « responsabilité qui s'attache à un pouvoir encore considérable », bien qu'affaibli, et Jouffroy déclare cette responsabilité « effrayante ».

Ainsi une question éminemment sociale, et comme telle « question vitale », le mot est de lui, retient son attention, et il se félicite que ce problème de l'instruction du peuple, « dégagé de tout nuage politique, se dessine avec plus de majesté dans la pure atmosphère de 1840, qu'il ne faisait dans le ciel couvert et orageux de la Restauration ». Il faut former des maîtres « qui donnent à la patrie des enfants moraux et religieux ». Car « ce qui importe à l'État et au pays, c'est bien moins ce que saura l'enfant, que ce qu'il croira, ce qu'il aimera, ce qu'il voudra ; et même ils ne prennent souci de ce qu'il saura que parce que les connaissances influent sur l'âme et concourent à diriger la volonté ». Il ne vient donc pas à l'esprit de Jouffroy que l'école puisse être sans Dieu, ni que le christianisme puisse s'en retirer. Il estime que le moment est venu « pour la science d'aborder ce problème social » de la formation des instituteurs ; mais le résultat de cette enquête scientifique, c'est que « sans la religion il n'y a pas d'éducation morale possible », et que « la religion » donc « doit être l'âme des écoles normales » primaires. Avec un sentiment très vif de la nécessité de concevoir que « l'éducation n'est pas une éducation abstraite et quelconque, dont on puisse déterminer spéculativement l'idée, comme un philosophe déterminerait celle de la poésie ou du syllogisme » ; avec la vue très nette qu'il faut tenir compte de « tous les éléments constitutifs de notre société, de notre ordre social tout entier, tel que l'ont fait les siècles, les événements et les desseins de la Providence sur notre patrie » : il rappelle qu'il faut « approprier l'instituteur à ce milieu, sous peine de n'en faire qu'un instrument impuissant ou funeste ». Or, « une moralité profonde et sincère », un « sentiment élevé de la fin morale de l'homme et de la société » ne lui suffisent pas, sans la religion, ou ne lui paraissent choses assurées qu'avec la religion ; et il constate « comme un symptôme rassurant » que dans tous les Mémoires que l'Académie vient d'examiner « on ne trouvait pas un mot suspect, une épithète légère, sur aucune des choses qui méritent le respect des hommes et qu'une opinion naguère encore toute-puissante avait trouvé du plaisir à abaisser ».

Voilà ce qu'il disait à l'Académie le 13 juin 1840. Deux mois après il partait au Collège Charlemagne. On a gardé le souvenir de ce discours qui tient en moins de six pages. Quelle tristesse résignée, noble, j'allais dire encourageante, mais profonde, mais entrée jusqu'en l'intime moelle de l'âme! Il pense aux élèves les plus grands, à ceux « qui vont mettre à la voile sur les mers orageuses du monde », et il dit :

Il y a aujourd'hui vingt-sept ans qu'à la veille de m'éloigner (du collège) comme eux, mon cœur battait pour la dernière fois dans une enceinte semblable à celle-ci. J'en sortis chargé de couronnes pour entrer dans la vie. Cette vie, je l'ai en grande partie parcourue ; j'en connais les promesses, les réalités, les déceptions : vous pourriez me rappeler comment on l'imagine ; je veux vous dire comment on la trouve, non pour briser la fleur de vos nobles espérances (la vie est parfaitement bonne à qui en connaît le but),

mais pour prévenir des méprises sur ce but
même, et pour vous apprendre, en vous révélant
ce qu'elle peut donner, ce que vous avez à lui
demander et de quelle manière vous devez vous
en servir[1].

Et le discours marche, grave, solennel, et
Jouffroy dit à ces jeunes gens que « dans sept
ou huit ans ils auront entrevu toutes les idées
fécondes dont ils sont capables »; il les engage
à « apprendre le prix du temps », à l'employer
« avec une infatigable, avec une jalouse activité ». Puis il leur déclare que « dans la vie
on rêve le bonheur, mais que le bonheur n'y
est pas » : car « ce monde est borné, et les désirs
de notre nature sont infinis ». Il montre à
son jeune auditoire dans « l'accomplissement
du devoir le véritable but de la vie et le

---

1. Discours prononcé à la distribution des prix du Collège Charlemagne (1840). *Nouveaux Mélanges philosophiques*,
p. 252.

véritable bien ». Il ne veut pas qu'on murmure contre la Providence parce qu'on n'a reçu qu'une modeste part.

Entre le ministre qui gouverne l'État et l'artisan qui contribue à sa prospérité par le travail de ses mains il n'y a qu'une différence, c'est que la fonction de l'un est plus importante que celle de l'autre ; mais à les bien remplir le mérite moral est le même. Que chacun de vous, jeunes élèves, se contente donc de la part qui lui sera échue. Quelle que soit sa carrière, elle lui donnera une mission, des devoirs, une certaine somme de bien à produire. Ce sera là sa tâche ; qu'il la remplisse avec courage et énergie, honnêtement et fidèlement, il aura fait dans sa position tout ce qu'il est donné à l'homme de faire... Tout est bien ordonné dans la vie, quand on la comprend comme Dieu l'a faite, quand on la restitue à sa vraie destination [1].

Je serais tenté de transcrire tout le dis-

---

[1]. Discours prononcé à la distribution des prix du Collège Charlemagne (1840). *Nouveaux Mélanges philosophiques*, pp. 254-255.

cours, tant Jouffroy s'y met tout entier. J'engage à le relire. Je n'en cite plus que la fin.

Pardonnez-moi, jeunes élèves, dans un jour si plein de joie pour vous, d'avoir arrêté votre pensée sur des idées si austères. C'est notre rôle à nous, à qui l'expérience a révélé la vérité sur les choses de ce monde, de vous la dire. Le sommet de la vie vous en dérobe le déclin ; de ses deux pentes vous n'en connaissez qu'une, celle que vous montez. Elle est riante, elle est belle, elle est parfumée, comme le printemps. Il ne vous est pas donné, comme à nous, de contempler l'autre avec ses aspects mélancoliques, le pâle soleil qui l'éclaire et le rivage glacé qui la termine. Si nous avons le front triste, c'est que nous la voyons. Vivez, jeunes élèves, avec la pensée de cette pente que vous descendrez comme nous. Faites en sorte qu'alors vous soyez contents de vous-mêmes. Faites en sorte surtout de ne point laisser s'éteindre dans votre âme cette espérance que nous y avons nourrie, cette espérance que la foi et la philosophie allument, et qui rend visible, par-delà les ombres du dernier rivage, l'aurore d'une vie immortelle[1].

Il n'avait que quarante-quatre ans, mais il entendait au fond de son être une réponse de mort, il portait la mort en soi, et ce discours est comme son testament. C'est sur la vie immortelle que son regard s'arrête, et c'est à la foi en même temps qu'à la philosophie qu'il attribue la vertu d'en allumer l'espérance.

C'était la dernière fois presque que sa parole se faisait entendre. Du cours commencé en 1841 rien n'a été conservé. De ses derniers écrits quelques vestiges demeurent : ils ont trait à une question particulière de psychologie, aux *signes*[2]. Il conservait jusqu'à la fin le

---

1. Discours prononcé à la distribution des prix du Collège Charlemagne (1840). *Nouveaux Mélanges philosophiques*, pp. 256-257.
2. Voir les *Nouveaux Mélanges philosophiques*, p. 271 : Faits et pensées sur les signes.

goût de ces recherches de détail ; mais il n'y mettait pas son âme. Son âme se révèle dans un entretien qu'il eut quinze jours avant sa mort avec un prêtre distingué, l'abbé Martin de Noirlieu.

« Nous avons parlé, dit M. de Noirlieu, de philosophie et de religion. Il a été question du dernier ouvrage de M. de L. M. (La Mennais), qui venait de paraître. Jouffroy a déploré sa *défection*, et il m'a dit, avec un profond soupir : « *Hélas! Monsieur le Curé, tous ces systèmes ne mènent à rien. Vaut mieux mille et mille fois un bon acte de foi chrétienne.* »

Cette parole ne fait-elle pas écho à celle qu'en 1830 il prononçait en pleine Sorbonne sur le catéchisme ? Mais ceci est plus intime, plus décisif aussi, et le « retour » au christianisme semble prêt de s'accomplir.

M. de Noirlieu ajoute :

« Je sortis de chez lui avec de bonnes espérances dans le cœur, et bien résolu à y revenir prochainement. Quelques jours après, Madame Jouffroy me fit dire que son mari était si faible que le médecin lui avait défendu de parler; mais qu'il serait enchanté de me recevoir dès qu'il aurait un peu plus de force. Trois jours après, il s'éteignait en buvant une potion calmante[1] ».

C'était le 1ᵉʳ mars 1842.

---

1. Cf. MARTIN DE NOIRLIEU, *Exposition et défense des principaux dogmes du christianisme*, 2ᵉ édition (Paris, Vaton, 1857), p. 100 : « Pauvre Jouffroy ! Comme on se prend à le plaindre, à l'aimer, quand on lit cet aveu sincère des douleurs de son âme! Je l'ai connu trop tard, et n'ai pas eu le temps de devenir son ami. Mais j'ai pu admirer tout ce qu'il y avait de vertu et d'élévation dans cette âme *naturellement chrétienne*. Quelques jours avant sa mort, nous parlions d'un livre que venait de faire paraître un écrivain célèbre qui a tant contristé l'Eglise : « Hélas ! Monsieur, me dit-il avec l'accent « d'une conviction profonde, tous ces systèmes ne mènent à « rien ; mieux vaut un bon acte de foi chrétienne. » J'ai la confiance qu'au moment suprême Dieu a inspiré à Jouffroy *ce bon acte de foi chrétienne*, dont il appréciait le bienfait. »

VIII

CONCLUSION.

J'espère avoir résumé fidèlement la vie philosophique de Jouffroy. Deux choses sautent aux yeux : l'importance pour lui de la question religieuse ; la disproportion entre l'œuvre et l'ouvrier.

La question religieuse est celle qui prime tout, celle à laquelle tout le reste se ramène, on peut dire l'unique question. A qui appartiendra-t-il? Sera-ce à la religion, c'est-à-dire au christianisme, objet de foi, dogme défini et imposé par l'autorité? Ou sera-ce à la philosophie, c'est-à-dire à la doctrine rationnelle, issue de la réflexion, objet de libre recherche, dogme encore mais défini et proposé par la science? Ainsi se pose, pour lui, en se multipliant sous divers aspects, l'éternelle question.

Il s'est demandé s'il était chrétien et s'il devait l'être. Il s'est répondu qu'il ne l'était plus, et a décidé qu'il ne devait plus l'être. Il en a souffert. Il en a conçu de la fierté aussi. Puis les regrets toujours persistants ont pris une forme mélancolique, et au désir de remplacer la foi perdue, à l'espoir de réussir dans l'entreprise, à l'ivresse de sembler y réussir parfois, a succédé finalement une incurable tristesse, qui a paru déterminer un certain mouvement de retour.

C'est son histoire, et c'est, pour lui, l'histoire de la société, l'histoire de l'humanité tout entière. A qui est le monde aujourd'hui, à qui sera-t-il demain, à qui doit-il être ?

Les dates saillantes de la vie philosophique de Jouffroy sont celles qui marquent les principales phases de son évolution. En 1814, c'est la crise, et c'est la révolution intérieure. De 1815 à 1820, ce sont les déceptions, puis les espérances et les rêves, et les premiers labeurs, les premiers pas dans la route nouvelle, les premières conquêtes, mais avec l'ajournement des questions vitales qui sont la raison de tout le travail, mais n'en sont pas l'objet direct. En 1820, c'est le réveil vif, efficace, de la préoccupation essentielle. De 1822 à 1828, après des colères qui vont s'apaisant et des ardeurs qui vont se tempérant et des illusions qui perdent peu à peu de leur vivacité, c'est une série de recherches particulières, travaux réguliers, assidus, où toutes les idées importantes du philosophe se dessinent plus fermement et où sur plusieurs points il prend son parti et son pli. En 1828, c'est le premier avènement public dans une chaire de Sorbonne de cette pensée qu'une longue préparation ardente a mûrie, et en cet avènement elle est modeste, modérée, mesurée, apaisée. En 1830, c'est l'avènement définitif, mais où la crainte d'abuser de la victoire domine la joie de vaincre. Après 1830, surtout de 1833 à 1836, c'est une dernière préparation à la construction que la pensée militante a promise, que la philosophie triomphante est tenue d'offrir aux esprits, que pour lui-même le philosophe souhaite, espère, attend, salue, mais le voilà qui tient de plus en plus compte du christianisme, et, s'il déclare encore fièrement qu'il aspire à y substituer sa philosophie, de cette philosophie il ne donne qu'une esquisse, une ébauche, et au christianisme il se plaît à rendre hommage. Après 1830, l'hommage devient plus fréquent, plus significatif. Pour lui-même, pour la société, pour l'humanité, il semble attendre plus du christianisme que de la science, qui n'est pas prête, et non seulement toutes les colères sont tombées, et les illusions s'évanouissent, mais le découragement se fait sentir. Il ne doute pas de la raison, mais il ne la sépare plus d'une façon si tranchante de la foi chrétienne. Pourquoi ne les unirait-on pas ?

Ainsi va l'histoire de sa pensée, ainsi procède l'évolution religieuse qui est tout l'essentiel de sa vie ; ainsi se déroulent du même coup ses vues sur la marche du monde.

La seconde chose qui frappe, quand on a parcouru toute la carrière où s'est déployé Jouffroy, c'est que rien en lui, rien pour lui n'est parvenu à l'achèvement. Pascal est inachevé : le temps lui a manqué. A Jouffroy, ce n'est pas le temps qui a fait défaut, à vrai dire, bien qu'il soit mort tôt. L'ouvrier a plutôt manqué à l'œuvre. Je veux dire qu'une certaine impuissance native paraît en lui : il n'avait pas le génie de la synthèse, il n'en avait que le désir. Mais surtout je veux dire qu'il y a en lui une impuissance qui n'est plus de naissance celle-là, qui a été contractée après coup, qui est le résultat d'un accident terrible. C'est une âme foudroyée, si j'ose dire. Et de ce foudroiement il lui reste une paralysie partielle, avec des soubresauts, je ne sais quelle gêne dans le mouvement et je ne sais quelle agitation, une sorte de va-etvient maladif. Il y a, depuis la crise subie et la défaillance consentie, le jour où il a constaté que le christianisme en lui s'était retiré, et qu'il a ratifié et consommé la défection, il y a au-dedans de lui un conflit perpétuel entre des ressouvenirs et des aspirations, entre des regrets et des espérances, entre un passé qui ne meurt jamais et un avenir qui fuit toujours, et ses idées comme ses sentiments se heurtent, et il se débat douloureusement entre les puissances qui se disputent son âme, et lui qui était fait pour se dilater et s'épanouir, il est déchiré : il souffre, et il demeure stérile.

Précisons. Il ne conçoit nettement ni le rôle de la raison, ni la nature de la science, ni l'objet de la philosophie.

Pour la raison, il semble parler et agir comme si le tout était qu'elle allât seule. Et, comme avec cela il a le goût des faits, par moments la raison se réduit presque à opérer ce qu'effectivement elle opère avec succès : enregistrer les faits est toute son œuvre. Puis, comme parmi les faits il trouve ce qu'il nomme les croyances de l'humanité, la raison n'a plus guère d'autre but que de recueillir ces croyances : les enregistrer devient la grande affaire. Ainsi le philosophe à qui la raison paraît si ferme et si sûre ou se confine dans un positivisme prudent ou se contente du sens commun organisé.

C'est un premier conflit. En voici un second.

La science dont il est épris, qu'est-elle pour lui ? Il connaît une science, et la pratique, et l'avance : c'est la psychologie. Il n'en connaît pas d'autres, j'entends connaître par expérience, connaître pour avoir pratiqué.

Cela lui crée une faiblesse incurable. Déjà en psychologie, il est trop abstrait et ses descriptions ou divisions sont parfois trop verbales : mais quand il dit « la science », comme il n'a jamais eu de commerce, de contact avec une science *faite* et réalisée dans une œuvre définitive, la psychologie à laquelle il travaille et où il réussit n'étant point faite mais se faisant, qu'arrive-t-il? Il arrive qu'il prononce ce mot « science » en ayant devant les yeux une image vague. Il sait que la science implique l'usage de la raison, une marche régulière, des précautions méthodiques, et des preuves évidentes ; mais il ne connaît bien ni la complexité, ni ce que j'appellerai la *réalité* de la science, ni la sévérité dont ces deux caractères rendent l'exigence si originale. Le fait complexe et complet, les données totales, non dans un concept abstrait, mais dans les choses mêmes, dans la vie, sait-il bien ce que c'est et que, si cela manque, il n'y a pas de vraie science de faite? Au moment de la crise intérieure, il n'a pas vu que contre les objections en l'air la vie doit oser et savoir tenir. Dans l'ordre scientifique, il ne voit pas que la donnée initiale est toujours réelle, et qu'il faut commencer par la prendre telle qu'elle est, intégrale, compliquée, avec tout ce qui en elle gêne, déconcerte, embarrasse l'esprit. Il simplifie trop tôt. Il appauvrit l'objet. Il croit en avoir raison assez facilement (nous l'avons vu) par des distinctions un peu artificielles, un peu superficielles du moins et verbales. Il divise souvent plus qu'il n'analyse. Et alors les exigences sévères de la science lui échappent: il va pas à pas, il multiplie les précautions, les répétitions, les reprises, les redites, mais il y a une condition de la science rigoureuse qu'il volontiers il méconnaît, c'est celle qui interdit, non pas l'idée directrice et l'hypothèse sans lesquelles la science ne se ferait pas, mais l'abstraction prématurée, la substitution d'un fantôme, d'une idole, d'une forme ou formule à la donnée réelle : on croit celle-ci expliquée parce qu'une proposition abstraite et générale est trouvée, c'est un mirage décevant, ou un cache-vide.

De là chez Jouffroy un conflit fréquent entre la vraie idée de la science et l'imparfaite et insuffisante et parfois fausse notion qu'il en a.

La philosophie, chef-d'œuvre de la raison et science par excellence, lui prépare de nouveaux embarras.

Pour lui, la philosophie, c'est, avant tout et surtout, l'équivalent rationnel, le substitut rationnel de la religion, disons plus, du christianisme. Puisque c'est le chef-d'œuvre de la raison émancipée, puisque c'est la science remplaçant le christianisme, c'est le dernier mot de tout, la lumière souveraine, la source de la vraie force. Cette substitution de la philosophie au christianisme est douloureuse, mais inévitable, et définitivement salutaire, heureuse. C'est la vérité à la place du mythe. C'est la virilité succédant à l'enfance.

Mais, dès lors, c'est donc pour des raisons morales qu'il faut entreprendre de philosopher, puisque l'on philosophe pour se refaire des croyances qui puissent suffire à la vie et procurer le bonheur, comme faisait le christianisme?

Faut-il reprocher à Jouffroy d'avoir cherché dans la morale la raison suprême de la philosophie?

Je ne le pense pas : car alors il faut dire que Spinoza n'est point philosophe pour s'être proposé avant tout d'assurer la « béatitude » de l'homme et pour avoir enfermé sa métaphysique dans une *Éthique;* ou encore que Kant n'est pas philosophe pour avoir prétendu par sa *Critique de la raison spéculative* déblayer le terrain propre à porter l'édifice de la raison pratique ; ou enfin que Fichte n'est pas philosophe pour avoir vu dans la *Doctrine de la science* la préparation de ses vues sur la *Destination de l'homme* et la *Vie bienheureuse.*

Ce qui gêne et ce qui fausse la philosophie de Jouffroy, ou du moins lui donne une allure équivoque, est ailleurs. Il a eu raison de dire que sans ce souci humain par excellence, sans cette vue de ce qui intéresse au suprême degré l'humanité, il n'y a pas de philosophie.

Mais voici où il est confus, voici où il voit mal.

Il lui semble d'abord que, pour être *homme* au sens complet du mot, il faut attendre d'avoir philosophé. C'est une erreur.

C'est l'erreur de tous ceux qui estiment que pour penser virilement il faut avoir douté. Quand il s'agit de se rendre compte des choses, d'en rendre raison, « le doute n'y fait rien », dit excellemment Leibniz. Examiner n'est pas douter; chercher des preuves n'est pas douter; poser des questions même, malgré l'apparence, n'est pas douter. Le doute détruit, dissout ou du moins trouble la chose à voir. Que pour surmonter le doute on examine. Soit. Mais que pour examiner il faille commencer par douter, c'est ce que je nie. On examine parce qu'on ne connaît pas assez, et pour mieux connaître, non point essentiellement ni toujours parce qu'on cesse d'admettre l'existence d'une chose.

S'il faut douter pour philosopher, les hommes qui ont pris possession des certitudes essentielles sans les avoir jamais senties ruinées en eux ne seraient donc point philosophes? Mais pourquoi serait-il interdit de chercher la lumière avec la lumière, et pourquoi faudrait-il, parce qu'on aspire à voir plus clair, commencer par éteindre toute clarté?

A ce compte encore les chrétiens, les catholiques surtout, seraient incapables de philosopher. Mais quelle outrecuidante prétention de supposer la certitude chrétienne ennemie de la raison! Elle ne l'est pas plus que la certitude humaine. Et jamais porter la vie en soi ne sera un obstacle pour juger de la vie et en démêler les principes ou les lois.

La réalité possédée n'est pas contraire à la vue de la vérité. C'est plutôt une condition de bien voir.

Mais voici où cette première erreur conduit Jouffroy et quel nouveau conflit elle soulève. Parce que la philosophie lui paraît le moyen nécessaire, le seul, de raffermir ou mieux de refaire des croyances à l'homme qui dit adieu au christianisme, la philosophie prend les allures d'une religion diminuée, j'ai dit plus haut laïcisée, et elle se réduit toute à la *Profession de foi du Vicaire savoyard*, étayée par plus de psychologie, je le veux bien, préparée par une longue revue des systèmes, je le veux bien encore, exposée enfin d'une façon plus savante, plus compliquée, j'y consens, mais au fond rien de plus. Est-ce une conception de la philosophie suffisante et satisfaisante ? Il est clair que non, et c'est d'ailleurs une conception démodée, surannée, à tel point qu'insister davantage est inutile.

Le rôle essentiel de la philosophie n'est donc pas de refaire à l'homme et particulièrement à l'homme déchristianisé des croyances, puisque l'on a le pouvoir et le droit de philosopher sans avoir perdu ses croyances humaines et chrétiennes, et que les croyances dites rationnelles qui seraient dues à la philosophie ne sont pas, c'est clair, toute la philosophie.

Plus nous avançons, plus nous sommes tentés de dire que la philosophie n'a essentiellement ni cette haute ambition ni ces étroites limites. Elle est *plus* que cela, à certains égards, et, en un sens, elle est *moins*. Elle est *autre*.

Précisons.

D'abord, il y a la *science* proprement dite, laquelle s'étend d'une certaine manière à *tout*, comme acte et œuvre de la raison *moyenne*, laquelle raison cherche la liaison des phénomènes et saisit comme le *déterminisme* des choses, selon l'expression à la mode aujourd'hui, sans aller plus loin, sans aller ni au fond ni au haut.

C'est dire que de cette *science* on ne peut attendre ni l'explication suprême ni la direction de la vie : elle ne donne pas, elle ne donnera jamais le dernier mot de l'énigme ni le mot d'ordre [1].

Et la philosophie, comme science, partagera la même impuissance.

Or, la philosophie ressemble à la science en quelque chose. Elle y ressemble par son côté spéculatif. Elle a pour but le *savoir* et elle

1. Cf. Brunetière, *Science et Religion* (Paris, Didot).

aspire à la *théorie*. Et, comme telle, elle emploie, à la façon de toute science, l'abstraction.

Seulement la *spéculation* philosophique est d'autre sorte que la spéculation purement scientifique, et elle a une autre portée.

Est-ce à dire pour cela qu'elle soit une quasi-religion ?

Nullement.

La religion est essentiellement union à Dieu. Le christianisme, c'est le Christ, homme-Dieu, faisant participer l'homme à la vie même de Dieu : *Deus homo factus ut homo Deus fiat.* Voilà le surnaturel proprement dit. Le Christ est venu. Pourquoi ? Pour que les hommes aient la vie, et plus abondamment, *ut vitam habeant, et abundantius habeant :* au-delà des strictes exigences de leur nature, par un acte de libéralité divine, par une grâce à laquelle l'humaine nature n'a aucun droit, pas plus qu'elle n'a la force d'atteindre toute seule ces hauteurs ou ces profondeurs qui sont les profondeurs et les hauteurs de la vie intime de Dieu même.

Laissons au christianisme sa physionomie vraie. Nous comprendrons alors qu'il ne soit pas si facile de le remplacer. Il est bien autre chose, bien plus, bien mieux que la simple religion naturelle sanctionnée par une autorité dite divine. Il a des mystères, il ouvre devant nous des trésors inénarrables. Qui sait un peu le scruter, puis le déployer devant son regard, y trouve des abîmes et lui découvre une ampleur incomparables. Et quand on l'a un peu pénétré et que l'on en est pénétré soi-même, on aime à le considérer tel qu'il est, dans ce qu'il a de plus propre, de plus singulier, de plus original, dans toute son intégrité, dans toute son intransigeance, qui ne ressemble à nulle autre, et dans toute son harmonieuse convenance avec le meilleur de nos pensées, de nos rêves, de nos désirs, de notre nature, dans sa souple et inépuisable vitalité. C'est ce que notre temps s'essaie et souvent réussit à faire, en sorte que les objections vulgaires d'un rationalisme démodé font sourire de pitié.

Il est clair dès lors que les âmes et les sociétés, depuis le christianisme, ne peuvent plus se passer de lui : dans l'antiquité, on ne s'est point passé de religion ; dans les pays non encore chrétiens, on ne se passe pas de religion ; dans notre monde européen et américain qui marche à la tête de la civilisation, on peut faire la guerre au christianisme, on ne peut pas s'en passer.

Il est clair aussi que depuis le christianisme, dans notre monde, une philosophie ne peut plus avoir ni le ton ni l'allure ni l'empire d'une religion : on peut s'efforcer à philosopher contre ou sans le christianisme, on n'arrive pas à le contrefaire.

Il est clair enfin que, depuis le christianisme, dans notre monde, la philosophie ne peut prétendre au gouvernement des esprits et des âmes.

C'est affaire de sens humain, si je puis dire, et de morale, le tout n'étant complet, ferme, sûr, efficace, que dans et par le christianisme. Ce n'est point affaire de spéculation métaphysique, non plus que de science pure, encore que la philosophie y puisse et même y doive influer.

Il peut bien y avoir, à certaines époques, une sorte de philosophie sensée, sage, tempérée, qui semble dominer tous les esprits, étant comme répandue dans l'atmosphère intellectuelle. C'est le résultat des mœurs, des doctrines philosophiques, et, pour une grande part, des croyances religieuses. Mais une philosophie créée tout d'une pièce par la raison pour jouer ce rôle modérateur, c'est une chimère. Ç'a été la chimère de Cousin, et celle de beaucoup d'hommes de son temps. Une sorte de sens commun religieux régnant partout : Jouffroy a eu cette idée. Cousin, lui, y a voulu ajouter l'estampille officielle. Et lui, qui avait couru les aventures métaphysiques, dans sa première jeunesse, s'assagissant au pouvoir, et encore davantage quand il n'y était plus, il a conçu, il a créé ce que l'on a nommé le « Spiritualisme ». Jouffroy n'a pas employé le mot en ce sens. Il a rêvé la chose, fort peut soucieux d'ailleurs du caractère officiel. C'était toujours le substitut du christianisme qu'il poursuivait.

On est revenu de tout cela. C'est du christianisme vrai, vivant, autorité parlante, comme disait Bossuet, que nos contemporains se rapprochent quand ils marchent vers la religion. C'est là que M. Brunetière porte ses pas. C'est là qu'en 1897 M. Francis de Pressensé tournait ses regards. Et le Pape Léon XIII, leur présentant la doctrine catholique en sa rigueur, en son ampleur, avec ses conséquences sociales, leur paraît seul avoir qualité pour parler de religion. Ce XIX° siècle finissant écoute la grande voix qui du fond du Vatican enseigne toute créature.

Mais alors qu'est la philosophie? Que peut-elle être?

Ne semble-t-il pas qu'entre la *science* et la *religion*, qui ne sont pas ennemies, qui ne sont pas non plus étrangères l'une à l'autre, mais qui sont nettement distinctes, il n'y ait pas de place pour la philosophie?

C'est une erreur. Il y a une place, et très grande. Ce n'est pas celle que Jouffroy lui assigne, ou du moins Jouffroy n'en a qu'une idée confuse et brouillée.

D'abord, noter, élucider, définir les notions élémentaires ou courantes, celles qui sont essentielles, celles que l'usage a rendues dominantes, les démêler, les débrouiller, et ainsi introduire la lumière dans les esprits : c'est une œuvre modeste, humble, mais indispensable, souvent négligée, toujours ardue, et qui la pourra faire si ce n'est la philosophie?

Ensuite, rendre raison des choses en contrôlant nos moyens de connaissance, en montrant en quoi ils consistent, comment ils opèrent, à quelles conditions, et ce qui les fonde, et ce qui les garantit : c'est une œuvre plus relevée, indispensable aussi, et très difficile, et qui la pourra entreprendre, si ce n'est la philosophie ?

Enfin rendre raison des choses en montrant les *liens* et les *principes* sans lesquels elles ne peuvent ni se concevoir ni subsister : c'est une œuvre très haute, indispensable, si la pensée se déploie tout entière, et infiniment difficile, mais attirante entre toutes ; et qui l'essaiera, sinon la philosophie ?

Universelle et fondamentale critique, universelle et totale explication : voilà l'ambition de la philosophie, voilà son objet. Et par là elle va rejoindre tout, et les intérêts essentiels de l'humanité, et la vie même ; mais indirectement, et parce qu'elle est d'abord essai de spéculation : essai, avec des parties assises sans doute, et on l'oublie trop, mais essai surtout, et que chaque époque recommence, non parce que chaque époque doit regarder comme non avenue l'œuvre antérieure, mais parce que chaque époque doit mettre sa pensée réfléchie en accord avec la science acquise, les mœurs régnantes, les idées ambiantes, l'état moral, social, politique, et qu'ainsi la grande synthèse est toujours à reprendre et à retoucher, si l'on veut qu'elle contienne la vie totale et s'y adapte.

Ainsi la philosophie, comme la science, s'étend à tout, mais dans un sens bien plus profond, et elle s'étend à tout sans être tout. Le mot de Shakespeare dans *Hamlet* demeure toujours vrai : « Il y a dans le ciel et sur la terre bien plus que dans votre philosophie. » Mais cette philosophie est un noble effort pour pénétrer et relier tout, effort spéculatif, mais humain, total donc et vital, avec consé-

quences pratiques indirectes; son domaine
n'est point défini comme celui de la science
dont elle n'a point la rigidité, ni enfermé
dans d'aussi étroites limites puisqu'elle aspire
à aller plus au fond et plus haut; ce n'est pas
non plus le domaine de la religion : elle n'a
point le même but ni la même valeur, elle se
fausse si elle prétend exercer le même empire.

Jouffroy, qui n'a point d'idée nette de tout
cela, est en proie à de perpétuels conflits.
Et à cause de ce déchirement intérieur, il
demeure indéfiniment dans les *préparations*
qui satisfont son esprit avide de rigueur scientifique. Il hésite à mettre la main à l'édifice,
au monument. Pour lui, ce monument, c'est
un temple, un sanctuaire. Il se trompe. Ce
que le philosophe a à faire, ce n'est point un
temple laïque; et d'avoir le vrai temple, celui
que l'humaine raison ne construit pas, et

d'y aller, ne nuit pas à la construction philosophique, à l'édifice savant et humain, spéculatif, que l'on ne pourrait nommer temple qu'au sens primitif du mot, c'est-à-dire lieu d'où l'on contemple,

Edita doctrina sapientum templa serena,

mais non pas sanctuaire où l'on entre en commerce avec la Divinité.

Jouffroy, par suite de la révolution subie et ratifiée par lui au moment de la crise intellectuelle, a manqué toute sa vie de la liberté d'âme nécessaire pour édifier avec une entière liberté de pensée sa philosophie. Il a été victime de son rationalisme. Si le rationalisme consiste à tout réduire dans l'homme à la raison et la raison même à l'homme, il l'a fait, et il y a perdu. Il a supprimé les parties vives de son âme, il a bridé son imagination, retenu son essor poétique, son souffle métaphysique. Et d'autre part, parlant sans cesse de Dieu avec respect, il n'a pourtant puisé en Dieu rien qui ait porté bien haut sa philosophie. Je lui sais gré de rattacher expressément à Dieu et l'ordre universel et la loi morale. Mais, malgré tout, son rationalisme l'étreint, le rabat, le violente, et ôte au philosophe, et à la philosophie qu'il a tentée, la netteté de vues, la fermeté de direction, la hardiesse de spéculation, le souffle vivifiant.

J'avais raison de dire que science et philosophie sont en lui comme gênées, faussées, parce qu'une équivoque persiste toujours. Chrétien de regret et de désir, sans bien apercevoir la substantielle et originale vertu du christianisme, il ne cesse de prêter à la philosophie les cadres, les proportions, la portée d'une religion, tout en y voulant trouver la science, dont la notion elle-même demeure pour lui vague et confuse.

Et rien en lui n'est en la forme franche et en la place légitime. Il le sent, et, comme il est sincère, il le dit. Son évolution n'est pas ascendante, il ne monte pas dans la clarté croissante et avec une sève vigoureuse; malgré ses désirs, malgré ses regrets, malgré ses velléités de retour et la courbe décrite par sa pensée inquiète, son évolution est plutôt descendante : il demeure éloigné des sources de la lumière et de la vie; s'il s'en rapproche, c'est avec langueur; l'élan est brisé : la certitude, malgré qu'il en ait, est déchue en lui, et avec elle l'énergie vitale. Il est en cela, comme Lamennais, comme Schérer, avec la tristesse en plus et le regret mélancolique et un vague retour, un exemple de décroissance dans la pensée et dans la vie profonde.

Son temps s'est d'abord reconnu en lui. Mais bientôt cette connivence du siècle et du philosophe a cessé : le siècle est devenu plus sectaire, et le philosophe, qui, après tout, semble incliner vers le christianisme, a paru en retard. A ceux que le christianisme au contraire attire, il paraît plus en retard encore. Si les incroyants de tous les temps lui gardent quelque tendresse à cause de son incrédulité, il n'est pourtant plus leur homme ; et si ceux qui croient en Dieu et marchent vers le Christ, lui savent gré de proclamer Dieu et de confesser au moins le besoin du Christ, il ne leur suffit pas toutefois. Ainsi il lui manque, aux yeux des incroyants, d'être sectaire ou d'être athée et impie : l'incrédulité n'a pas ravagé assez à fond son esprit, elle y laisse Dieu et la Providence. Et, aux yeux des autres, à qui il faut des certitudes croissantes et une vie croissante, il lui manque de comprendre le christianisme pour s'avancer vers la vérité complète et efficace. Cette fin du XIX° siècle, où l'ouvrage de M. Francis de Pressensé sur le cardinal Manning a trouvé des lecteurs passionnés, n'en est plus, c'est clair, au rationalisme de Jouffroy.

Bautain, son condisciple, a remonté les pentes. Incrédule comme lui à l'École, comme lui épris de philosophie, intelligence vive et compréhensive, parole nette et puissante, très goûté de Cousin, qui le mettait peut-être au-dessus de Jouffroy lui-même, esprit d'une curiosité infatigable, arrivé en peu de temps à tout savoir pour ainsi dire, familier avec les sciences les plus diverses et avec la philosophie allemande, hanté par l'idée de faire des connaissances humaines, dont aucune ne lui échappait, une synthèse nouvelle, un système grandiose, Bautain enseignait dans Strasbourg avec éclat, et il y régnait sur les jeunes esprits. Il revient au christianisme. Il porte dans sa chaire de la Faculté des Lettres sa foi retrouvée, ardente, parée de jeunesse, et impatiente de se produire dans la philosophie qu'elle ne renie pas, mais qu'elle prétend pénétrer. Bientôt il est prêtre, et, prêtre, le professeur de philosophie reparaît encore dans sa chaire. Est-ce en lui que nous allons admirer cette marche ascendante dont nous parlions tout à l'heure, cette montée de la pensée dans la clarté et dans la vie pleine, totale? Non, la peur du rationalisme jette le philosophe dans l'excès contraire : il se défie de la raison jusqu'à la déclarer entièrement impuissante ; le traditionalisme le tente, et son œuvre, à lui aussi, est manquée. Son zèle sacerdotal pourra être fécond, mais, philosophiquement, comme

Jouffroy, quoique d'une manière inverse, il est paralysé ; et pour lui comme pour Jouffroy, quoique d'une manière inverse, la cause du mal est dans le rationalisme. Mortelle est l'influence du rationalisme dans les esprits : il y a ceux qu'il enivre ; il y a ceux qu'il trouble en y provoquant une réaction outrée ; il alanguit, il énerve, il fait dépérir les uns et les autres.

Il a enivré Jouffroy, et Jouffroy, avec son âme haute, ses aspirations nobles, son beau et multiple talent, n'a rien fait qui soit en proportion avec ce qu'il semblait promettre et pouvoir. Il avait la probité de l'esprit, la droiture intellectuelle, la sincérité ; il avait du feu ; sa pensée était fine, pénétrante ; il savait observer, il savait discuter ; il parlait à merveille, il écrivait avec une distinction rare. Distingué en tout, plutôt que puissant, il avait une variété de dons merveilleux, et je ne sais quoi d'exquis venant de l'âme, qui donnait à tout en lui un charme original. Avec tant de ressources, il a fait peu. Même quand il offre au lecteur quelque chose d'achevé, si c'est une théorie, et non une réfutation ou une analyse ou un de ces morceaux d'un lyrisme philosophique dans lesquels l'âme chante mélancoliquement, l'impression est toujours la même : « Ce n'est que cela ! » est-on tenté de dire. Il avait annoncé plus, et il pouvait et devait plus. La valeur de l'œuvre est demeurée au-dessous de celle de l'ouvrier, c'est visible, mais l'on devine que l'ouvrier lui-même n'a pas été tout ce qu'il pouvait être. Épris de la pensée libre, il n'a pas su se ménager cette liberté qui consiste à demeurer libre à l'égard du préjugé antichrétien, et plus généralement à l'écart du rationalisme. Ce rationalisme, qu'il a bu à longs traits dès sa première jeunesse, a troublé et faussé sa raison. Et c'est pour cela que de son œuvre il n'y a que des débris, c'est pour cela que partout dans ce qui reste de lui se sent ou éclate une disproportion douloureuse entre le désir et l'objet, entre l'ambition et l'œuvre, entre la réalité et l'idéal, ou plutôt encore, entre ce qui a été fait et ce qu'un tel homme avait la capacité, et pour reprendre deux mots qu'il aime, la *destinée* et la *mission* de faire. Aussi est-il triste et attriste-t-il. Pour parler encore son langage, une ombre *mélancolique* s'attache à son nom, à son souvenir, à ses écrits. Il a eu *une foule d'idées tristes.* Il a connu *le noble et triste privilège des hautes pensées.* S'il eût surmonté le rationalisme, il eût vu que c'est un noble et joyeux privilège : car les hautes pensées, dans l'homme pleinement homme, sont vie en même temps que lumière; là où la vie est intégrale et totale, la sève est vigoureuse, et, parce qu'il y a dilatation, épanouissement, — malgré les labeurs, malgré les luttes inévitables en ce monde, — où il faut penser, finalement il y a joie.

FIN

TABLE DES MATIÈRES

	Pages.
Avertissement	VII
Introduction	1

I. — 1814 :

La crise. — Comment il devient incrédule	3

II. — De 1815 a 1820 :

Pourquoi il devient philosophe et comment il philosophe. — Les premiers travaux	25

III. — De 1822 a 1828 :

Les colères, les espérances, les ambitions	55

IV. — De 1822 a 1828 :

Les recherches psychologiques et les résultats	101

	Pages.
V. — De 1828 a 1830 : L'approche de l'avènement et l'avènement	121
VI. — De 1830 a 1836 : L'apogée	157
VII. — De 1836 a 1842 : Les dernières années	173
VIII. — Conclusion	193

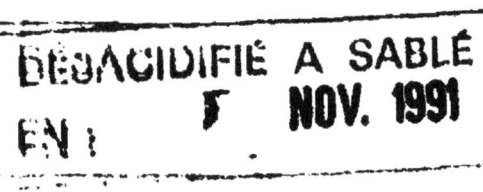

TOURS

IMPRIMERIE DESLIS FRÈRES

6, rue Gambetta, 6

www.ingramcontent.com/pod-product-compliance
Lightning Source LLC
Chambersburg PA
CBHW060129170426
43198CB00010B/1092